市级中职示范校/特色专业建设系列教材

DAOYOU / YEWU

导游业务

主　编◎任胜平　曹　洁　饶　维

重庆大学出版社

图书在版编目(CIP)数据

导游业务 / 任胜平，曹洁，饶维主编. -- 重庆 :
重庆大学出版社，2019.4

市级中职示范校 / 特色专业建设系列教材

ISBN 978-7-5689-1339-3

Ⅰ. ①导… Ⅱ. ①任… ②曹… ③饶… Ⅲ. ①导游—
中等专业学校—教材 Ⅳ. ①F590.63

中国版本图书馆 CIP 数据核字(2018)第 195001 号

导游业务

主　编　任胜平　曹　洁　饶　维

策划编辑：杨　漫

责任编辑：夏　宇　　版式设计：杨　漫

责任校对：邹　忌　　责任印制：赵　晟

*

重庆大学出版社出版发行

出版人：饶帮华

社址：重庆市沙坪坝区大学城西路 21 号

邮编：401331

电话：(023) 88617190　88617185(中小学)

传真：(023) 88617186　88617166

网址：http://www.cqup.com.cn

邮箱：fxk@ cqup.com.cn (营销中心)

全国新华书店经销

POD：重庆书源排校有限公司

*

开本：787mm×1092mm　1/16　印张：8　字数：171千

2019 年 8 月第 1 版　　2019 年 8 月第 1 次印刷

ISBN 978-7-5689-1339-3　定价：18.00 元

前言 | PREFACE

“导游业务”是中等职业学校导游专业、旅游服务与管理专业的主干专业课，是一门应用性、综合性很强，涉及多门学科知识的课程。本课程的培养目标是使学生具备良好的思想素质、文化素质、业务素质和身心素质，在了解导游服务基本原理的基础上，熟练掌握导游服务工作程序及技能，成为能在旅行社从事导游服务工作的技能型人才。

中等职业教育在不断发展过程中，越来越侧重对学生专业技能的培养。本教材在习近平新时代中国特色社会主义思想的指导下，落实学科建设新要求，本着“以职业为导向，以技能为核心”的编写思想，努力处理好知识与能力之间的关系，突出中等职业学校的技能特点，紧密联系初级、中级导游的工作实践，从导游职业特点以及导游应具备的知识出发，重新设计体例，力求使教材的结构更加合理，理论与操作实例相结合，有效地培养学生分析问题、解决问题的能力。

本教材包括五个项目的内容：项目一主要内容包括导游服务的产生与发展，导游服务的性质、特点和原则，介绍了导游的概念和分类、素质、职业道德，对提升导游的思想素质，加强导游队伍建设有一定帮助；项目二主要内容是地陪导游服务、全陪导游服务以及散客导游服务，分别对地陪、全陪、散客旅游的服务程序进行了阐述，是导游必须尽快掌握的主要导游业务技能；项目三主要内容是针对游客的餐饮、住宿、娱乐、购物等个别要求的处理方法，提升导游解决旅游接待中的实际问题的技能；项目四主要介绍了旅游接待中可能出现的一些主要问题的预防和处理方法，旨在提高导游处理和解决突发事件的能力；项目五主要系统地介绍了导游的带团技能、语言技能和讲解技能，从而使导游与游客能够良好有效地沟通。

本教材项目一由任胜平主笔，陈丽、邓洪权协助编写；项目二和项目三由曹洁主笔，黎凤霞、张东林、杨川鄂协助编写；项目四和项目五由饶维主笔，马甄妮、张继军协助编写，最后由任胜平、曹洁、饶维负责统编定稿。

由于编者水平有限，书中难免存在疏漏之处，期待同行专家、教师和广大读者对本书多提宝贵意见。

编　者

2018 年 8 月

目 录 | CONTENTS

项目一　导游服务与导游

项目概述

通过学习，了解导游服务的产生、发展以及发展趋势，掌握导游服务的概念、类型、范围、性质、特点、地位和作用等知识，对导游服务有一个系统的认识。

任务一　了解导游服务的产生与发展

任务分析

在现代社会，导游服务是随着消遣性旅游活动的出现而产生的，并随着大众旅游活动的兴起而发展。导游服务从旅游业形成和发展初期的向导服务，发展到今天集向导服务、导游讲解和生活照料于一体的综合服务，经历了一个漫长的历程。

任务目标

(1)使学生了解导游服务的产生；

(2)使学生了解近代导游服务的发展；

(3)使学生掌握中国现代导游服务的发展。

任务实施

一、古代的向导服务

人类社会由原始社会进入奴隶社会，生产力得到发展，劳动剩余物归奴隶主所有，他们已不再只满足于生活起居，而开始了以巡游巡视为名义的享乐旅行。在旅行中，奴仆簇拥前后，除随时侍奉外，实际上也起着旅游向导的作用。到了封建社会，随着经济的进一步发展和交通条件的改善，除帝王将相的巡游外，还出现了士人学子的漫游。特别是在封建社会的中后期，以求学为目的的教育旅行、以保健为目的的疗养旅行、以探险为目的的航海旅行、以经商为目的的跨国旅行发展起来。在这些旅游活动中，往往有熟悉路途的人作为向导，他们不仅可以引路，还能介绍沿途的风景名胜、民俗风情。他们提供的服务在某些方面已经类似于现代的导游服务。但是，由于参加旅游的人数不多，规模不大，因此人们当向导的机会很少，其偶然性的成分较大，难以产生向导队伍。

二、近代的导游服务

随着资本主义生产关系的建立，特别是18世纪60年代英国开始的工业革命，大大促进了生产力的发展和经济的繁荣。工业革命一方面带来了阶级关系的变化，产生了一批新兴的资产阶级；另一方面加速了科学技术在工业中的应用，特别是蒸汽机技术在交通运输中的应用，出现了速度快、运载量大的火车和轮船，从而使这个时期的旅游活动获得了突破性的发展。1841年7月5日，英国人托马斯·库克包租了一辆列车，组织运送570人，从莱斯特前往拉夫巴勒参加禁酒大会，往返行程22英里①，团体收费每人1先令，免费提供带火腿肉的午餐及小吃，还有一个唱赞歌的乐队。这成为人们公认的近代旅游活动的开端。在这次活动中，库克自始至终随团陪同照顾，可以说是现代旅行社全程陪同的最早体现。1845年，库克又组织了350人从莱斯特到利物浦的报价旅游，旅游费包括火车票、住宿费和途中游览卡那封城堡和斯诺登山的费用。为组织好这次旅游，库克给每个人分发了导游资料，这次旅游也是库克亲自带队。自1855年起，库克组织了一系列的旅游团，并提供全程导游服务。

此后，托马斯·库克的业务经营范围和影响不断扩大。在1845年，为组织到利物浦的观光旅游，库克整理出版了《利物浦之行指南》，并为此设立专门的旅游向导。1865年，库克与儿子约翰·梅森·库克联合，在原有公司的基础上，创办了托马斯·库克父子旅游公司。当时，托马斯·库克父子旅游公司已是世界上名声显赫的旅行社，托马斯·库克也成为旅游的代名词。随后，欧洲及北美洲、韩国和日本纷纷效仿库克组织旅游活动的成功模式，先后组建旅行社或类似的旅游组织，招募陪同及导游，带团在国内外参观游览，这样在世界范围内逐渐形成了导游队伍。第二次世界大战后，大规模的旅游活动崛起并得到发展，使导游队伍迅速扩大。到目前，几乎世界各国都拥有一大批数量不等的专职和兼职导游队伍。由此可见，专业导游队伍是在旅行社产生后逐渐形成和发展起来的。

与欧美等国家相比，中国近代旅游业起步较晚。20世纪初期，一些外国旅行社，如英国的通济隆旅游公司（前身为托马斯·库克父子旅游公司）、美国的运通旅游公司开始在上海等地设立旅游代办机构，总揽中国旅游业，雇用中国人充当向导。1923年8月，上海商业储蓄银行总经理陈光甫先生在同仁的支持下，在该商业银行下设立了中国旅行部。1927年6月，旅行部脱离该银行独立出来，成立了中国旅行社，其分支机构遍布华东、华北、华南等145个城市。与此同时，中国还出现了其他类似的旅游组织，如铁路游历经理处、公路旅游服务社等。社会团体方面也相继成立了旅游组织，1935年成立了中国汽车旅行社，1936年筹组了国际旅游协会，1937年出现友声旅游团、精武体育会旅行部等。这些旅行社和旅游组织承担了近代中国人旅游活动的组织工作，同时也出现了一批中国导游。

托马斯·库克

① 1英里=1.609 344千米

三、现代的导游服务

1949年10月1日，中华人民共和国成立。同年11月19日，厦门有关部门接管了旧“华侨服务社”，创立了新中国第一家华侨服务社。此后几年，由时任总理周恩来提议，经当时政务院批准，又相继在泉州、广东等地成立了华侨服务社。1954年4月15日，在北京成立了中国国际旅行社总社，并在上海、天津、广州等地成立了14家分社。1957年，各地华侨服务社在北京召开专业会议，决定全国华侨服务社名称增加“旅行”二字，并于4月22日成立华侨旅行服务社总社。1974年，经国务院批准，成立中国旅行社，并与华侨旅行社合署办公，统称中国旅行社。1979年11月16日，全国青联旅游部成立。1980年6月27日，国务院正式批准中国青年旅行社成立。自此，国旅、中旅、青旅三大国家性旅行社承担了绝大部分海外来华游客的招徕和接待工作，以及国内游客的旅游业务，导游队伍也随之迅速壮大。1984年以后，随着中国旅游业的快速发展，旅行社的数量增长很快，特别是进入20世纪90年代，国际旅行社和国内旅行社数量不断增长，同时形成了一支覆盖全国的专职和兼职的导游队伍。

中国国际旅行社社徽

中国旅行社社徽

中国青年旅行社社徽

自我检测

1.近代导游服务的开端是什么时候？

2.中国人自办专业旅行社开始于什么时候？

任务实训

一、实训目标

通过实训，使学生了解忠县的旅行社有多少家。

二、实训准备

1.创设情境

请学生先制作调查表，然后前往忠县的旅行社、旅游局及相关单位调查忠县的导游人数。

2.分组

每组4~6人。

三、实训方式

实地调查。

四、实训步骤

1.理论知识回顾

(1)近代旅游活动的开端是1841年托马斯·库克组织的禁酒大会。

(2)中国的国旅成立于1954年,中旅成立于1974年,青旅成立于1980年。

2.分组汇报

请同学们以小组为单位,汇报调查结果。

3.归纳出正确答案

4.以小组为单位上台展示调查结果

任务二　掌握导游服务的性质、特点和原则

任务分析

在不同的国家和地区,由于社会制度、意识形态和民族文化的不同,其政治属性也不同,但是世界各国的导游服务均具有共同属性。导游服务始终贯穿陪伴游客,因而是旅游服务中最具代表性的服务。导游在提供导游服务的过程中,必须遵循一些基本的服务原则。这些原则既是长期导游服务实践的科学总结,也是国际旅游组织所倡导的,具有指导意义。

任务目标

(1)使学生理解导游服务的概念;

(2)使学生掌握导游服务的类型;

(3)使学生了解导游服务的性质、特点和原则。

任务实施

一、导游服务的概念

导游服务是导游代表被委派的旅行社,接待或陪同游客旅行游览,按照组团合同或约定的内容和标准,向游客提供的旅游接待服务。

首先,导游应该是旅行社委派的,既可以是专职的,也可以是兼职的,未受旅行社委

派的导游，不得私自接待游客。

其次，导游的主要业务是从事游客的接待。一般来说，导游是在陪同游客旅行游览的过程中提供服务，但是也有些导游是在旅行社设立的柜台前接待客人，向客人提供旅游咨询，帮助客人联系和安排各项旅游事宜，他们同样提供接待服务。不同的是，前者是在出游中提供接待服务，后者是在出游前提供接待服务。

最后，导游向游客提供的接待服务，对于旅游团队的游客必须按组团合同的规定和导游服务质量标准实施，对于散客必须按事前约定的内容和标准实施，导游不得擅自增加或减少，甚至取消旅游项目，也不得降低导游服务质量。一方面，导游在接待过程中，要注意维护所代表的旅行社的形象和信誉；另一方面，也要注意维护游客的合法权益。

二、现代导游服务的类型

导游服务的类型是指导游向游客介绍所游览地区或地点情况的方式。现代导游服务方式大致可分为图文声像导游和实地口语导游两类。

1.图文声像导游方式

图文声像导游方式也称物化导游方式，它包括：①导游图、交通图、旅游指南、景点介绍、册页画册、旅游产品目录等。②有关旅游产品、专项旅游活动的宣传品、广告、招贴以及旅游纪念品等。③有关国情介绍和景点介绍的录音带、录像带、影片、幻灯片、VCD 等。

在旅游业发达的国家和地区，人们极为重视图文声像导游，在各大城市、旅游景点以及机场（车站、码头）等处都设有旅游服务中心或旅游问询处，摆满了各种印制精美的旅游宣传资料，人们可随意翻阅，其中大部分可供问询者自由取走。对游客提出的有关旅游活动的种种问题，工作人员给予热情耐心的解答，并向问询者提供有价值的建议。很多旅游公司通过定期向公众放映有关旅游目的地的电影或录像、举办展览会等来影响潜在的游客。组团旅行社一般在旅游团集合后、出发前为游客放映有关旅游目的地的电影影像或幻灯片，散发旅游指南等材料，向团员介绍目的地的风俗民情及注意事项，帮助游客对即将前往游览的目的地有一个基本了解。很多博物馆、教堂和重要的旅游景点装备有先进的声响设施，方便游人参观游览，并帮助他们比较深刻全面地理解重要景点的深奥寓意和艺术价值，从而获得更多美的享受。

导游图示例

旅游宣传品示例

2.实地口语导游方式

实地口语导游方式,也称讲解导游方式。它包括导游在游客旅行游览途中所作的介绍、交谈和问题解答等导游活动,以及在参观游览场所所做的介绍和讲解。

不管导游服务方式多么多样化、高科技化,多么形象生动,也不管图文声像导游方式多么便于携带和保存,与实地口语导游方式相比,其仍然处于从属地位,只能起到减轻导游负担、辅助实地口语导游的作用。因此,实地口语导游方式不仅不会被图文声像导游方式所取代,而且将永远在导游服务中处于主导地位。

三、导游服务的范围

导游服务范围是指导游向游客提供服务的领域,在旅游接待工作中,旅游目的地向游客提供的服务是多方面的,包括行游、住食、购娱、通信、出入境、医疗等,其中导游提供的服务是最重要的,涉及上述诸多方面。归纳起来,导游服务大体可分为以下三类:

1.导游讲解服务

导游讲解服务是指游客在目的地旅行期间,导游的沿途讲解服务、参观游览点的导游讲解,以及座谈访问和某些参观点的口译服务。

2.旅行生活服务

旅行生活服务是指游客出入境迎送、旅途生活照料、安全服务及上下站联络等。

3.市内交通服务

市内交通服务是指导游同时兼任驾驶员,为游客在市内和市郊旅行游览时提供的驾车服务。这种服务在西方旅游发达国家比较多见,目前在我国还极为少见。

四、导游服务的性质

(一)服务性

导游服务是一种服务工作,它与第三产业的其他服务一样,属于非生产劳动。它通过提供一定的劳务活动,如翻译、导游讲解、旅行生活服务等,来满足游客游览审美的愿望和安全舒适的旅行需求。但是,导游服务又不同于一般简单的技能服务,它是一种复杂的高智能的高技能服务。

(二)社会性

导游服务的社会性来源于旅游活动的社会性。旅游活动是一种社会活动,一方面,它是人类社会经济发展到一定阶段的产物,并随着社会经济的发展而发展;另一方面,它的发展又涉及现代社会的许多方面,能对社会经济的发展起到促进作用。在旅游活动中,导游接待着四海宾朋、八方游客,处于旅游接待工作的中心位置,推动着这一世界上规模最大的社会活动,所以导游从事的工作本身就具有社会性。同时,导游工作又是一种社会职业,对于大多数导游来说,它是一种谋生的手段。

(三)文化性

导游服务的文化性,产生于游客对异国他乡知识和文化品位的追求。导游服务是传播文化的重要渠道，导游为来自世界各地各民族的游客服务，通过引导和生动精彩的讲解，给游客以知识乐趣和美的享受，并有意无意地传播着本国文化。无论导游的仪容仪表、行为举止，还是导游讲解，以及同游客的日常交谈，无不直接或间接地表达或渗透着旅游目的地国家或地区民族的传统文化和现代文明。因此，导游服务起着沟通和传播精神文明，为人类创造精神财富的作用，直接、间接地起着传播一个国家或地区的传统文化和现代文明的作用。

（四）涉外性

导游服务的涉外性主要表现在两个方面：一是宣传社会主义国家。对于外国游客来讲，导游帮助来自四面八方的海外游客正确地认识中国。同样，导游陪同中国公民出境旅游时，目的地的人民也希望从中国导游那里了解中国的发展情况。所以，导游的讲解，甚至一举一动都在有意无意地宣传中国。作为社会主义国家的导游，在进行社会导游服务时，应有鲜明的政治立场，要以积极的姿态，努力地对外宣传，对那些希望了解中国的游客及其他国家和地区的人民，更应不失时机地宣传中国。当然，在宣传过程中形式要多样化，方法要灵活多变。二是发挥民间外交的作用。通过对旅游目的国的文化遗产和民族精神的感受和认识，增进国家之间、地区之间的人际交往，增进各国、各地区、各族人民之间的相互了解和友谊，消除因互相隔绝而造成的误解和猜忌。这对加强世界各国人民的友谊，维护国家安定和世界和平具有重要意义。在游客心目中，导游是一个国家的代表，是人民的友好使者，是“民间大使”。导游可利用旅游活动的群众性、广泛性的特点广交朋友；可以利用接触游客面广、机会多、时间长、无语言障碍又比较熟悉外国游客等有利条件，与游客进行广泛接触，进行感情上的交流。

（五）经济性

导游服务是导游通过向游客提供劳务，而创造特殊使用价值的劳动。在商品经济条件下，这种劳动通过交换而具有交换价值，在市场上表现为价格，因此，导游服务具有经济属性。导游服务的经济性主要表现在以下几个方面：一是直接创收。通过直接为游客服务和各种代办服务，收取服务费和手续费，为国家建设创收外汇、回笼货币和积累资金。二是扩大客源，间接创收。导游向游客提供优质的导游服务，可以招揽回头客、扩大新客源，在间接创收方面起着不可忽视的作用。三是促销商品。在导游服务的同时，促销旅游商品，提高购物比例。四是促进经济交流。来中国旅游的海外人士及在国内旅游的游客中，不乏科学家、教授及方方面面的专家和经济界人士，导游的良好服务和交流，可以起到牵线搭桥的作用，促进中外及地区间的科技、经济交流，为我国的社会主义建设做出应有的贡献。

五、导游服务的特点

（一）独立性强

导游在接受旅行社委派的任务后，带团外出旅行中往往要独当一面，这就决定了导游服务有很强的独立性。导游要独立地宣传执行国家政策，要独立地根据旅游计划组织活动,带旅游团参观游览,尤其是在出现问题时,导游还需独立地合情合理地进行处理。

导游的导游讲解也具有相对独立性。导游要根据不同游客的文化层次和审美情趣,进行有针对性的导游讲解,以满足他们的精神享受需求,这是导游的任务,每位导游都应独立完成,不能由其他人代替。

导游服务的这个特点,要求导游要勇于向困难挑战,在战胜困难的过程中提高自己的各种能力。

(二)脑、体高度结合

导游服务是一项脑力劳动和体力劳动高度结合的服务性工作。一方面,导游接待的游客中,各种社会背景、文化水平都有,其中不乏专家和学者,导游需要具有宽广的知识面,古今中外、天文地理、政治经济、社会文化、医疗卫生、宗教民俗等均需涉猎。导游在进行景观讲解、解答游客问题时,需要运用所掌握的各种知识和智慧,这是一种艰苦而复杂的脑力劳动。另一方面,导游的工作量很大,除了在旅行游览过程中进行讲解之外,还要随时随地应游客的要求帮忙解决问题,事无巨细也无分内外。尤其是旅游旺季时,导游往往连轴转,整日整月陪同游客。不论严寒酷暑,长期在外作业,导游体力消耗巨大,常无法正常休息。

导游服务的这个特点,要求导游具有广博的知识和健康的体魄,以便随时随地向游客提供优质的服务。

(三)复杂多变

导游服务工作不仅繁杂,而且变化较大,其复杂性主要体现在以下几个方面:

1.服务对象复杂

导游服务的对象是游客,他们来自五湖四海,不同国籍、民族、肤色的人都有,职业、性别、年龄、宗教信仰和受教育情况也各不相同,性格、习惯、爱好等更是千差万别。导游面对的就是这么一个复杂的群体,而且由于接待的每一批游客都不相同,使得这一复杂群体不断变化着。

2.游客需求多种多样

导游除按接待计划安排和落实游客旅游过程中的食、住、行、游、购、娱等活动外,还有责任满足或帮助满足游客随时提出的各种要求,以及解决或处理旅游中随时会出现的问题和情况,如会见亲友、传递信件、转递物品、游客患病、游客走失、游客财物被窃与证件丢失等。由于对象、时间场合、客观条件等不同,同样的要求或问题也会出现不同的情况,需要导游审时度势,判断准确并妥善处理。

3.接触的人员多,人际关系复杂

导游除天天接触游客外,在安排和组织游客活动时,还要同饭店、餐馆、旅游点、商店、娱乐、交通部门和单位的人员接洽,同时也要处理导游中全陪、地陪与外方领队的关系。导游一方面代表委派的旅行社,要履行旅行社的责任,维护旅行社的信誉和利益;另一方面又代表游客,要维护游客的合法权益,还要用双重代表的身份与有关方交涉,导游正是处在这种复杂的人际关系网的中心。

4.要面对各种物质诱惑和精神污染

导游在同国内外游客的正常交往中，常常会受到一些不健康的思想意识和生活作风的影响，有时还会面临金钱、色情、名利、地位的诱惑。处在这种氛围中的导游，要有较高的政治思想水平、坚强的意志和高度的政治警惕性，能始终保持头脑清醒，自觉抵制精神污染。

导游服务的这一特点，要求导游要有高度的责任感和敬业精神，以及较强的心理自控能力，能沉着冷静地应对各种变化的情况和问题。

(四)关联度高

除向游客进行导游讲解取决于导游的水平和能力之外，导游的其他各项服务都需要得到旅游接待服务中其他相关部门和单位的配合与支持，如旅行社接待部门、住宿单位、交通部门、游览及娱乐单位等。他们提供的服务对游客的旅游活动来说，不仅是必不可少的，而且是环环相扣的。任何一个环节的服务出现偏差，都会对旅游活动产生影响，会使导游服务黯然失色，也会对游客产生心理压力。若上述环环相扣的服务因安排不当、考虑不周而出现差错，也会影响整个旅游活动的顺利进行。如误机事件出现，既使游客被迫延长在一地的停留时间，又势必缩短甚至取消下一地的游程，使两地已安排妥当的住宿、交通、游览项目发生变更，不仅会引起游客的不满，而且会给旅行社带来巨大的经济损失。可见，导游服务中的任何一个环节出现问题，都会牵涉其他方面并对全局产生影响。

(五)跨文化性

导游服务工作是传播文化的重要渠道。世界各地区域之间的文化传统、风俗民情、禁忌习惯不同，游客的思维方式、价值观念、思想意识各异，这就决定了导游服务工作的跨文化性。导游必须在各种文化的差异中，甚至在各民族、各地区文化的碰撞中工作，尽可能多地了解中外文化之间的差异，圆满地完成传播文化的重任。

六、导游服务的原则

(一)服务第一原则

导游工作是一项服务工作，游客外出旅游就是花钱享受服务，从而获得物质上的享受和精神上的快乐。作为导游，要站在游客的角度去考虑自己的言行，要想获得游客真诚的赞美，就必须树立服务第一的意识，这也是导游服务的重要原则。

服务第一的原则是将游客放在第一的位置，将游客放在自己的心上，关心游客，勤勤恳恳地做好服务工作，尽力满足游客的合理需求。在国际旅游界，人们通常将服务的标准确定为热情友好、效率卓著、安全可靠、灵活方便和设身处地。

(二)宾客至上原则

作为导游，在旅游接待工作中，要发扬我国热情好客、礼仪之邦的优良传统，把为游客服务看成自己的光荣和重要职责。在现代旅游业发展的今天，“宾客至上”“顾客就是上帝”的观念不是一句口号，它体现了旅游企业的服务宗旨和行动指南。顾客是旅游企业的衣食父母，要使企业在竞争日益激烈的旅游市场上立于不败之地，就必须重视顾客，以优质的服务满足游客的需求。导游要向游客提供真诚的超常服务、热情的微笑服务，让微笑服务温暖游客的心。

(三)等距离交往原则

尊重是人际交往的一项基本准则。不管游客来自境内还是境外，来自省内还是省外，也不管游客的肤色、宗教信仰以及他们的消费水平如何，导游都要一视同仁，不厚此薄彼，尊重他们的人格，关心游客的切身利益，真诚地为游客服务，做到对游客等距交往。

(四)履行合同原则

旅行社组团是以契约为基础的，也就是说和每位游客都签订了旅游合同，导游受旅行社聘用，委派带团，所以导游代表旅行社要认真履行旅游合同，让游客感到满意，物有所值。导游既要维护旅行社的利益，又要为游客着想，达到双方共赢的目的。

(五)AIDA 原则

AIDA 是英文单词的首字母缩写。A——attention，引起谈话，吸引注意力；I——interest，激起谈话对象的爱好；D——desire to act，激起谈话对象，希望进一步了解情况，得到启示，加深双方关系，尤其是激起对方的占有愿望；A——action，努力使对方采取占有行动。

AIDA 原是西方商业界的市场推销原则，它简明地说明了消费者的行为模式。导游运用这一原则作为激发游客的旅游新推销，是附加旅游产品处理问题的一种行为模式。这对于建立导游与游客的良好关系、创造友好气氛有积极作用。

(六)合理可能原则

这是导游处理游客提出的各种要求和问题时应注意的原则。游客在旅游中往往有求全、要求高的心理，经常提出一些苛刻无理的要求，遇上这种游客，就必须坚持这项原则。当游客提出过高的要求时，导游必须仔细认真地倾听，冷静分析游客的意见是否合理，有无实现的可能，对其合理的要求给予肯定，并想方设法满足；对其不合理的要求，耐心细致地解释，要合情合理，使游客心悦诚服。

自我检测

1.导游服务的特点是什么？

2.导游服务的性质是什么？

任务实训

一、实训目标

通过实训,使学生掌握导游服务的原则。

二、实训准备

1.创设情境

2010 年 7 月 16 日,据中国香港《文汇报》报道,内地访港旅行团被强迫购物的丑闻接连发生,一段记录香港女导游恶言威吓旅客购物的短片,15 日在全国多个省市的电视台热播。该片段由一名不满香港女导游强迫购物的游客所拍,片段中导游以"没饭吃""没酒店住"等恐吓性话语要挟和辱骂不购物的旅客,更怒斥:"我给你吃给你住,但是你们不付出,你这辈子不还,下辈子还是要还出来!"

这个案例中导游的哪些行为是不对的?

2.分组

每组 4~6 人。

三、实训方式

分组讨论。

四、实训步骤

1.理论知识回顾

导游服务的原则:①服务第一原则;②宾客至上原则;③等距离交往原则;④履行合同原则;⑤AIDA 原则;⑥合理可能原则。

2.分组讨论案例

请同学们以小组为单位,讨论案例。

3.归纳出正确答案

4.以小组为单位上台演示讨论结果

任务三　了解导游服务在旅游业中的地位与作用

任务分析

导游服务贯穿整个旅游活动,在旅游活动中有着不可缺少的重要地位,只有提供良好的导游服务,才能给游客带来精神上的愉悦享受。

任务目标

(1)使学生了解旅游业的三大支柱;
(2)使学生熟悉导游服务的地位;
(3)使学生掌握导游服务的作用。

任务实施

一、导游服务在旅游业中的地位

在旅行社、旅游饭店和旅游交通这条现代旅游三大支柱产业链中,旅行社处于核心地位,而导游则是旅行社的灵魂和支柱。

现代旅游实质上是一种大规模的文化交流活动,导游是文化传播的使者。一个国家和地区的民俗风情和历史文化,以及现代文明和自然风光的传播与展示,都要靠导游的工作来完成。

二、导游服务在旅游业中的作用

导游服务在旅游业中的作用具体表现在:

(一)纽带作用

1.承上启下

导游服务上要对行业行政管理部门、旅行社负责,执行国家的法律法规、方针政策、服务规范和旅行社下达的接待计划与安排,下要对游客负责及执行游客与旅行社签订的旅游合同,维护游客的合法权益,尽心尽责地为游客提供满意的服务。

2.连接内外

导游不仅要代表自己的国家与其他国家和地区的游客打交道,还要代表自己所在的旅行社与游客及相关接待部门沟通与协调,服务的空间非常广阔。

3.协调左右

导游服务是一种全方位系统化的旅游服务。每一个旅游团体接待服务任务的完成,都是领队、全陪、地陪、景点导游和有关食、住、行、游、购、娱等服务部门协作的结果。没有这种协作,任何一个团体旅游都不可能顺利实现。为此,导游要为游客提供满意的服务,必须协调好与相关的接待服务部门、组团社和接待社的关系,以及导游服务集体内部的关系。因为在这条服务链中,任何一个环节出了问题,都会影响旅游接待计划的实施,影响导游服务的质量。

4.标志作用

导游服务质量对旅游服务质量的高低起标志性作用。导游服务质量包括导游讲解质量,为游客提供生活服务以及各项旅游活动安排落实的质量。导游与游客朝夕相处,因此游客对导游服务的接触最直接,感受最深切,对其服务质量的反应最敏感。旅游服务中其他服务质量虽然也很重要，但除特殊情况外，由于接触时间短，游客的印象一般不如导游服务质量印象深刻。一般说来，如果导游服务质量高，可以弥补其他旅游服务质量的某些欠缺，而导游服务质量低劣却是无法弥补的。因此，游客旅游活动的成败更多地取决于导游服务质量。导游服务质量的好坏不仅关系到整个旅游服务质量的高低，甚至关系着国家或地区旅游业的声誉。

（二）经济作用

1.直接创收

导游工作是一项直接面向游客的服务工作。以“游”为中心，食、住、行、游、购、娱等，哪一个环节也离不开导游的服务。无论是旅游团还是零星游客，无论是综合服务还是委托代办，导游工作都可以为国家创收外汇和资金。

2.节约开支

导游处于日程安排的中心地位，一位细心的导游可以运用合理安排计划、随时灵活地调整、适时适度地引导、杜绝责任事故、爱惜和节约公共财物等办法，节省接待开支，同时又不违反对外合同。

3.促销商品

旅游业发达的国家都十分重视各种适应市场需要的旅游产品的开发、生产和促销。在世界旅游总消费中，用于购物的部分通常占总数的一半左右，在有些国家和地区，这项收入的比例更大，可见促销旅游商品的重要性。这项工作的改进需要各方面的通力协作。导游应根据积极自愿原则，因势利导地促进旅游商品的销售，向旅游商品主管部门反映游客的购物特点和趋向。

4.扩大客源

许多国家为了吸引游客，每年都花数百万至千万美元进行宣传招徕工作。导游工作接触游客时间长、层次多、影响大，是形成游客印象的一个重要因素。

5.促进交流

在数以万计的游客中，有相当一部分人是经济、文化和科学界的专业人士。在我国开放政策的吸引下，他们中许多人希望借助旅游的机会与同行接触，这正是我们所欢迎的。随着专业旅游、会议旅游的发展和工商企业界人士在入境总人数中所占比例的增大，旅游工作人员特别是导游从中予以牵线搭桥，促进经济、科技、学术、文化交流的可能性也大大增加；从宏观角度看，导游工作是整个旅游服务工作中重要的一环，旅游业对提供就业机会、加快货币回笼，带动各经济部门乃至地区和全国经济发展与繁荣，均可产生可观的效益，这其中就有导游的一份作用。

（三）政治作用

导游工作是一项直接接触人的工作，又是一项涉外工作，因此它具有十分重要的政治意义，主要表现在以下两个方面：第一，导游代表家乡，宣传家乡。导游工作的中心任务是导游讲解，导游通过导游讲解可以把我国的自然风光、历史文化介绍得引人入胜、回味无穷;我国的社会制度、人民的精神面貌、新事物和新动向都给游客以巨大的吸引力,绝大多数游客都不同程度地关心并乐于了解我国的社会情况和有关政策。因此,导游应相应地进行宣传、解释或与游客进行交谈,以加深他们对我国的了解。讲解和宣传是统一的、一致的,是互相促进的。一般来说,讲解是宣传的前奏,讲解中也有宣传;而宣传是讲解的主弦,是深一层的讲解。第二,导游工作乃至整个旅游事业,尽管不同于政府间的外交,却是我国对外工作的一个重要部分,是为我国的总路线和外交政策服务的。导游工作作为一项民间交流工作、涉外工作,在接触人数众多、阶层广泛的游客时有许多便利条件,可以利用旅游工作的民间性、群众性、广泛性的优势,广交朋友,增进友谊。这一点往往为官方外交所不及。在游客眼里,导游便是民间大使。在相当长的一段时间里,我国与某些国家尚未建立政府间的关系,但游客则早已大量来访,为邦交正常化起到推动作用。同时,导游还能了解游客对服务工作及其他方面的反映,有利于做好游客活动期间的安全保卫工作。

自我检测

1.导游服务的作用是什么?

2.导游服务在旅游服务中处于什么样的地位?

任务实训

一、实训目标

通过实训,使学生掌握导游服务在旅游服务中的地位和作用。

二、实训准备

1.创设情境

中方向国际旅行社外联了一个 14 人的日本旅游团。该团由一些中青年书画家和他们的夫人组成,要求参观美术展、碑林、刺绣工艺,与我国中青年画家进行交流。根据客人要求,该社安排的旅游线路是北京—曲阜—苏州—杭州—广州。旅游项目除各地一些浏览景点外,还在北京参观美术馆的书法和绘画展览,与北京中青年书画家座谈,在曲阜参观孔庙大成殿陈列的碑碣石刻,在苏州参观刺绣厂,在杭州参观西泠印社和西湖景区的碑刻、匾额、楹联,在广州与岭南画派的画家座谈。日方组团社同意和确认价格之后,该团于次年 5 月 9 日来华,负责接待的是该社导游李威。

一路上,李威对该团的服务非常热情、周到,除了旅途中该团游客的饮食起居等生活需要安排得很妥帖外,该团的其他各项要求也得到了落实,游客对李威的工作甚为满意。

途中一位夫人患急性肠炎，由于治疗及时，很快好转。游客希望购买的文房四宝、拓片、刺绣工艺品和一些名画也如愿以偿。离境前，李威还向该团简要介绍了陕西书画旅游线路的一些精品，客人表示下次多联络一些人来华访问。回国后，该团团长代表全团致信国际旅行社，向该社和李威表示感谢。

请根据该案例分析李威的导游服务在该社这一旅游产品的经营中所处的地位和所起的作用。

2.分组

每组 4~6 人。

三、实训方式

分组讨论。

四、实训步骤

1.理论知识回顾

导游服务的地位与作用：

(1)导游服务在旅游中占主导地位。

(2)导游服务的作用：①纽带作用，承上启下、连接内外、协调左右、标志作用；②经济作用，直接创收、节约开支、促销商品、扩大客源、促进交流；③政治作用。

2.分组讨论案例

请同学们以小组为单位，分析案例。

3.归纳出正确答案

4.以小组为单位上台演示讨论结果

任务四　掌握导游的概念和分类

任务分析

现代旅游业的发展历史证明，旅游业中最具有代表性的工作无疑是导游工作。导游是旅游接待工作第一线的关键人员，是旅行社中一支最基本也是最庞大的队伍。

任务目标

(1)使学生了解导游的概念；

(2)使学生理解获得导游资格证的条件；

(3)使学生掌握我国导游的分类。

任务实施

一、导游的概念

“导游”一词是英语“guide”的中文译称，“guide”通常有两种用法：一是作动词——引导；二是作名词——引导者。本教材所涉及的“导游”即是其名词的用法。“guide”，名词用法的中文含义为“为他人引路者，特别是受雇为他人在旅途或参观中指点风景名胜者”。

《导游人员管理条例》中对导游的概念有非常明确的定义：导游人员是依照本条例规定取得导游证，接受旅行社委派，为游客提供向导、讲解及相关旅游服务的人员。

这一概念包含三层含义：①导游是指依照条例规定取得导游证的人员，这是从事导游业务的资格要件；②导游是指接受旅行社委派为游客提供向导讲解及相关服务的人员，这是从事导游活动的前提；③导游是指为游客提供向导、讲解及相关旅游服务的人员，这是从事导游业务活动的内容要件。

导游在从业前必须先取得导游资格证。导游资格证考试的要求：①具有高级中学、中等专业学校或者以上学历；②身体健康；③具有适应导游需要的基本知识和语言表达能力；④中华人民共和国公民。

经考试合格的，由国务院旅游行政部门或国务院旅游行政部门委托省、自治区、直辖市人民政府旅游行政部门颁发导游资格证书。

取得导游资格证书的，经与旅行社订立劳动合同，或者在导游服务公司登记，方可持所订立的劳动合同或登记证明材料向省、自治区、直辖市人民政府旅游行政部门申请领取导游证。具有特定语种语言能力的人员，虽未取得导游资格证书，旅行社需要聘请临时从事导游活动的，由旅行社向省、自治区、直辖市人民政府旅游行政部门申请领取临时导游证。

取得了导游证，导游才有资格从事导游活动。导游证的有效期限为三年。导游证持证人员需要在有效期满后继续从事导游活动的，应当在有效期限届满三个月前，向省、自

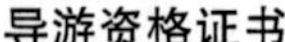
导游资格证书

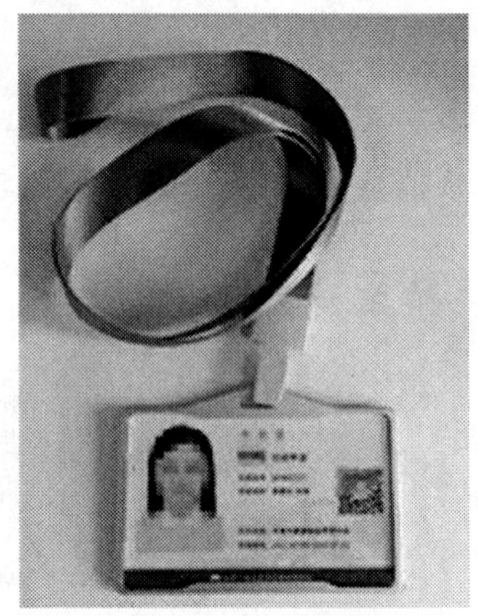
导游证

治区、直辖市人民政府旅游行政部门申请办理换发导游证。临时导游证的有效期限最长不超过三个月，并且不得延期。导游活动是指导游受旅行社委派，陪同游客旅行游览，为游客提供向导讲解和其他旅途服务，导游从事导游活动必须经旅行社委派，未经旅行社委派，不得从事导游活动。

导游进行导游活动时，应当佩戴导游证。

知识拓展

不得颁发导游证的情形：

(1)无民事行为能力或者限制民事行为能力的；

(2)患有传染性疾病的；

(3)受过刑事处罚的，但过失犯罪的除外；

(4)曾被吊销导游证的。

二、我国导游的分类

(一)按业务范围划分

导游按业务范围可分为海外领队、全程陪同导游、地方陪同导游和景点景区导游。

1.海外领队

海外领队是指经国家旅游行政主管部门批准，可以经营出境旅游业务的旅行社的委派，全权代表该旅行社带领旅游团从事旅游活动的工作人员。

2.全程陪同导游

全程陪同导游简称全陪，是指受组团旅行社委派，作为组团社的代表，在领队和地方陪同导游的配合下实施接待计划，为旅游团(者)提供全程陪同服务的工作人员。这里的组团社或组团旅行社是指接受旅游团(者)或海外旅行社预订，制订和下达接待计划，并可提供全程陪同导游服务的旅行社。这里的领队是指受海外旅行社委派，全权代表该旅行社带领旅游团队从事旅游活动的工作人员。

3.地方陪同导游

地方陪同导游简称地陪，是指受接待旅行社委派，代表接待旅行社实施接待计划，为旅游团(者)提供当地旅游活动安排、讲解、翻译等服务的工作人员。这里的接待旅行社是指接受组团社的委托，按照接待计划委派地方陪同导游负责组织安排旅游团(者)在当地参观游览等活动的旅行社。

4.景点景区导游

景点景区导游也称景点讲解员，是指在旅游景点景区，如博物馆、自然保护区等为游客进行导游讲解的工作人员。他们只负责讲解而不涉及其他事务。

从业务范围看，海外领队、全程陪同导游、地方陪同导游、景点景区导游中，前三类导游既有当地旅游活动的组织、协调任务，又有进行导游讲解或翻译的任务，第四类导游的主要业务是从事所在景点景区的导游讲解。在通常情况下，前三类导游，即全陪、地陪和领队组成一个导游集体，共同完成一个旅游团队的接待任务。三位导游代表三方旅行社的利益，他们大多互不认识，要共同完成一定时空中的导游服务自然就牵涉到协作。这种内部协作的愉快与否，直接影响着游客旅游经历的质量。从这一点可以说，游客一次舒心愉快的旅行，取决于导游服务的高质量；导游服务的高质量则取决于三位导游的精诚合作。

（二）按职业性质划分

导游按职业性质可分为专职导游和兼职导游。

1.专职导游

专职导游是指在一定时期内以导游工作为其主要职业的导游。目前，这类导游大多数受过中、高等教育，或受过专门训练，一般为旅行社的正式职员，他们是当前我国导游队伍的主体。

2.兼职导游

兼职导游也称业余导游，是指不以导游工作为主要职业，而利用业余时间从事导游工作的人员。目前，这类导游分为两种：一种是通过了国家导游资格统一考试取得导游证而从事兼职导游工作的人员；另一种是具有特定语种语言能力受聘于旅行社，领取临时导游证而临时从事导游工作的人员。业余导游不仅缓解了旅行社在旅游旺季专业导游人力不足的矛盾，也在一定程度上降低了旅行社的人力成本，同时能广泛筛选、吸收高素质的兼职人员短期固定为其所用。这种旅行社、业余导游、游客三方面皆满意的行为极有可能产生导游队伍中的一支生力军，成为旅游业的一个发展趋势。

在西方国家，还有一批真正意义上的“自由职业导游”。他们以导游为主要职业，但并不受雇于固定的旅行社或其他旅游企业，而是通过签订合同为多家旅行社服务。他们构成了西方大部分国家导游队伍的主体。这类导游已经在中国出现，人数虽然不多，但很可能是一种发展方向。

（三）按导游使用的语言划分

导游按使用的语言可分为中文导游和外语导游。

1.中文导游

中文导游是指能够使用普通话、地方话或者少数民族语言，从事导游业务的人员。目前，这类导游的主要服务对象是国内旅游中的中国公民和入境旅游中的港、澳、台同胞。

2.外语导游

外语导游是指能够运用外语从事导游业务的人员。目前，这类导游的主要服务对象是入境旅游的外国游客和出境旅游的中国公民。

（四）按技术等级划分

导游按技术等级可分为初级导游、中级导游、高级导游和特级导游。

1.初级导游

获导游资格证书一年后，就技能、业绩和资历对其进行考核，合格者自动成为初级导游。

2.中级导游

获初级导游资格两年以上，业绩明显，考核、考试合格者晋升为中级导游。他们是旅行社的业务骨干。

3.高级导游

取得中级导游资格四年以上，业绩突出、水平较高，在国内外同行和旅行商中有一定影响，考核、考试合格者晋升为高级导游。

4.特级导游

取得高级导游资格五年以上，业绩优异，有突出贡献，有高水平的科研成果，在国内外同行和旅行商中有较大影响，经考核合格者晋升为特级导游。

自我检测

1.导游服务的概念是什么？

2.我国的导游可分为哪几类？

任务实训

一、实训目标

通过实训，使学生了解领队、全陪、地陪的含义。

二、实训准备

1.创设情境

某旅游团按计划应于10月17日11:20乘机前往H市，由于票务人员的疏忽，为该团订错了航班，起飞时间为17日15:25。16日早餐后，该团游客获悉航班改变的消息，反应强烈，稍后便通过领队向地陪提出口头投诉。旅游团中一位游客声称，曾向航空公司询问，回答是原航班有票。

试问地陪针对上述情况，应按哪些方式和步骤处理此事？

2.分组

每组4~6人。

三、实训方式

分组讨论。

四、实训步骤

1.理论知识回顾

按业务范围划分,导游分为海外领队、全程陪同导游、地方陪同导游和景点景区导游。

2.分组讨论案例

请同学们以小组为单位,分析案例,帮助地陪解决问题。

3.归纳出正确答案

4.以小组为单位上台演示讨论结果

任务五 掌握导游的职责

任务分析

导游在整个导游服务过程中为游客提供服务。导游除了为游客进行讲解,还有其他的相关职责需要做到。通过对导游职责的了解,能够更加了解导游的工作。

任务目标

(1)使学生了解导游的基本职责;

(2)使学生理解领队、全陪、地陪和景点景区讲解员的主要职责的区别;

(3)使学生掌握领队、全陪、地陪和景点景区讲解员各自的主要职责。

任务实施

一、导游的基本职责

在我国,海外领队、全陪、地陪和景点景区讲解员,统称导游。他们的工作各有侧重,所起的作用也不尽相同。根据当前我国旅游业发展的实际和各类导游的服务对象,导游的基本职责可概括如下:

(1)根据旅行社与游客签订的合同或规定,按照接待计划安排和组织游客参观游览。

(2)负责向游客讲解介绍当地文化和旅游资源。

(3)配合和监督有关单位,安排游客的交通、住宿等,保护游客的人身和财产安全。

(4)耐心解答游客的询问,协助处理旅途中遇到的问题。

(5)反映游客的意见和要求,协助安排游客会见座谈等活动。

二、不同岗位导游的职责

(一)海外领队的职责

海外领队是经国家旅游行政主管部门批准,可组织出境旅游的旅行社的代表,是出境旅游团的领导者和代言人。因此，海外领队在团结旅游团全体成员、组织游客、完成旅游计划方面，往往起着全陪、地陪难以起到的作用，其主要职责是：

1.介绍情况，全程陪同

出发前向旅游团介绍旅游目的地国家或地区的概况及注意事项，全程陪同旅游团的参观游览活动。

2.落实旅游合同

监督和配合旅游目的地国家或地区的全陪、地陪，全面落实旅游合同，安排好旅游计划，组织好旅游活动。

3.组织和团结工作

关心游客，做好旅游团的组织工作，维护旅游团内部的团结，调动游客的积极性，保证旅游活动顺利进行。

4.负责联络工作

负责旅游团与旅游目的地国家和地区接待旅行社的联络与沟通，转达游客的意见要求与建议，乃至投诉、维护游客的合法权益，必要时出面帮助解决问题。

（二）全陪导游的职责

全陪导游是组团旅行社的代表，对所带的旅游团游客的旅游活动负有全责，因而在整个旅游活动中起主导作用，其主要职责是：

1.实施旅游接待计划

按照旅游合同或约定实施组团旅行社的接待计划，监督各地接待单位的执行情况和接待质量。

2.负责联络工作

负责旅游过程中，同组团旅行社和各地方旅游接待、旅行社的联络，做好旅行各站的衔接工作。

3.组织协调工作

协调领队、地陪、司机等各方面接待人员之间的合作关系，配合督促地方接待单位，安排好旅游团的食、住、行、游、购、娱等旅游活动，照顾好游客的旅行生活。

4.维护安全，处理问题

维护游客旅游过程中的人身安全和财产安全，处理好各类突发事件，转达或处理游客的意见建议和要求。

5.宣传、调研

耐心解答游客的问询，介绍中国地方文化和旅游资源，开展市场调研，协助开发改进旅游产品的设计和市场促销。

（三）地陪导游的职责

地陪导游是接待旅行社的代表，是旅游接待计划在当地的执行者，是当地旅游活动的组织者，其主要职责是：

1.安排旅游活动

根据旅游接待计划，合理安排旅游团（者）在当地的旅游活动。

2.做好接待准备

认真落实旅游团游客在当地的接送服务和食、住、行、游、购、娱等服务，与全陪、领队密切合作，做好当地旅游接待工作。

3.导游讲解

负责旅游团游客在当地参观游览中的导游讲解，解答游客的问题，积极介绍中国地方文化和旅游资源。

4.维护安全

维护游客在当地旅游过程中的人身安全和财产安全，做好事故防范和安全提示工作。

5.处理好问题

妥善处理旅游相关服务各方面的协作工作，以及游客在当地旅游过程中发生的各类问题。

（四）景点景区讲解员的职责

1.导游讲解

负责所在景区景点的导游讲解，解答游客的问询。

2.安全提示

提醒游客参观游览过程中注意安全，并给予必要的协助。

3.宣传相关知识

结合景物，向游客宣讲环境生态和文物保护等知识。

自我检测

1.导游的基本职责是什么？

2.全陪的主要职责是什么？

任务实训

一、实训目标

通过实训，使学生掌握导游的职责。

二、实训准备

1.创设情境

某国际旅行社接待一个香港纺织业者旅游团来长沙旅游，委派导游陈某为旅游团的导游。旅游团在参观了当地湘绣后，对湘绣工艺产生了浓厚的兴趣，于是提出希望利用第二天上午自由活动时间，请陈某协助联系湘绣厂，安排一次湘绣工艺座谈会，如需费用,可由该旅游团支付。陈某本拟第二天上午访友,故对安排座谈会不感兴趣,遂以行程计划上无此项内容,且联系安排座谈会不属于导游职责为由予以拒绝。旅游团再三向陈某反映,请其予以协助,但陈某仍然不允。为此,旅游团客人十分不满。旅游结束后,旅游团投诉旅游行政管理部门,对内地导游的"职责"提出质疑,造成了极其不良的影响。请问陈某有哪些不妥?

2.分组

每组4~6人。

三、实训方式

分组讨论。

四、实训步骤

1.理论知识回顾

导游的基本职责可概括如下:

(1)根据旅行社与游客签订的合同或规定,按照接待计划安排和组织游客参观游览。

(2)负责向游客讲解介绍当地文化和旅游资源。

(3)配合和监督有关单位,安排游客的交通、住宿等,保护游客的人身和财产安全。

(4)耐心解答游客的询问,协助处理旅途中遇到的问题。

(5)反映游客的意见和要求,协助安排游客会见座谈等活动。

2.分组讨论案例

请同学们以小组为单位,讨论情境中导游的职责。

3.归纳出正确答案

4.以小组为单位上台演示讨论结果

任务六　掌握导游素质要求和职业道德

任务分析

导游活动的高体能、高智能、高技能的三高特点,决定了导游必须具有较高的综合素质。而导游职业道德规范是职业道德的基本要求在导游职业活动中的具体体现,它既是每个导游在职业活动中必须遵守的行为准则,又是人们判断和评价导游职业道德行为的标准。

任务目标

(1)使学生了解导游的职业素质要求;

(2)使学生理解导游的职业道德;

(3)培养学生良好的职业素质和职业道德。

任务实施

一、导游的素质要求

(一)敬业爱岗

敬业爱岗,就是导游要热爱祖国和人民,热爱本职工作,有强烈的工作责任心和工作热情,要全身心地投入导游服务中,以一流的工作业绩来回报游客对自己的厚爱。一个外国导游专家曾经说过,一个导游可能在实际工作之中是很出色的,但如果他对游客没有基本的态度,那就很难发挥他的才能,感情上的障碍会使他从成功走向失败。

敬业爱岗,还要求导游具有创新精神,这是市场经济条件下敬业爱岗的新理念。实践证明,导游只有在服务实践中不断创新,才能适应游客需求的不断变化,才能在竞争日趋激烈的导游人才市场中立于不败之地。

(二)知识渊博

知识性强,是导游服务的特色之一。导游应当尽力使自己成为一个杂家,但其具有的知识仍然有内在的结构性和系统性,归纳起来主要有:

(1)社会政治、经济、文化、军事、体育等方面的综合知识,如社会发展史知识,社会、政治、经济制度知识,政策法规知识,民族宗教信仰和风情、民俗知识,军事知识,奥林匹克与体育竞技知识等。

(2)相关学科知识,如历史学、考古学、汉语言文学、哲学、心理学、社会学、美学、人类学、大众传播学、公共关系学等。

(3)专业基础知识,如旅游概论、旅游心理学、旅游美学、旅游地理、导游基础知识、旅行社业务、古代园林与建筑、民族与民俗、客源国概况、中外礼仪、旅行知识等。

(三)有一定的专业技能

导游服务专业技能是导游完成导游服务所必须掌握的一种技术和能力,主要有语言表达能力、人际交往能力、组织协调能力、应变能力和相关的专项技能。

1.语言表达能力

语言表达能力是导游的基本功,口语则是导游语言的主要形式。导游语言主要由两部分组成,一是对语言知识的储备与把握,二是对语言运用的具体环境的熟悉与调试。一方面,语言是一个有内在规律的符号系统,由语音词汇、语义、语法等要素构成。导游的语言表达能力,体现在对这些要素知识的储备和把握上,既要懂得准确的发音和语调,又要掌握一定的词汇量,以及各种词汇的联系与区别,如同义词、异义词等,同时还要把握各种句型的运用法则。有了这些语言知识的储备,就有可能转化为一种语言的实际表达能力。另一方面,导游语言的传播是以一定的时空为条件,以一定的游客为对象进行的有目的的活动。因此,导游的语言表达能力又表现为对语言环境的洞察和调适,即对具体的语言环境作出判断,并调整导游语言所要表达的内容和形式,以便与特定的环境相适应。

2.人际交往能力

人际交往能力是导游的又一基本功。导游服务是在与游客打交道的过程中完成的，因此善于进行人际交往，是做好导游服务的前提和基础。

主动性、宽容性和服务性，是导游顺利实现与游客友好交往的基本原则。游客与导游一般都是初次见面，开始接触时不可避免地会产生陌生感，为此导游要主动与游客接触，尽快消除因陌生而产生的心理距离，融洽与游客的关系。在旅游过程中，游客又会带着各种想法与导游交往，这时不管游客提出的想法正确与否，导游都要以一种宽容的态度去对待游客，要以热情服务的精神去感化游客，不要与游客发生正面冲突。只有这样，导游才能与游客进行良好的思想和情感交流，建立和保持一种融洽的人际关系。

3.组织协调能力

旅游团队是一个临时组成的娱乐消遣性集体，放松与自在是他们的基本行为特征。要把这样一支散漫的队伍联合在一起，变成一个团结且有活力的集体，除了游览路线和景观的细腻之外，靠的就是导游的组织协调能力。这种组织协调能力，包括游览路线的安排与组合、旅游团队内部关系的协调、有关接待单位接待工作的协调等。

4.应变能力

游客在旅游活动过程中，各种意外都有可能发生，如游客行李钱物与证件的遗失、走失、生病，甚至死亡，旅游团队误接或漏接旅游团队航班、车船的延误、旅游车途中突然抛锚或发生交通事故等。这些问题处理的时间性和政策性都很强，要求导游一定要及时果断，合情合理地进行处理，这对导游的应变能力是一种严峻的考验。

5.相关的专项技能

与导游服务有关的专项技能，主要有外语水平、心理咨询与治疗技能、保健与救护技能、摄影技能、汽车驾驶技能、娱乐技能和必要的体育技能等。

6.良好的个人形象

在游客面前，导游在容貌修饰上要得体，服饰应整洁端庄，举止要端庄稳重、落落大方。导游进行导游活动时，应当遵守职业道德，着装整洁、礼貌待人，尊重游客的宗教信仰、民族风俗和生活习惯。

二、导游的职业道德规范

在我国的旅游行业中，通过广大导游的道德实践，已经形成了许多适合于导游的道德行为和习惯，并已初步形成一种良好的风尚。导游职业道德的主要内容包括：

（一）主动热情，宾客至上

这是导游职业道德最基本的道德规范，是导游热爱本职工作，对游客进行周到服务的一种具体表现，是游客对导游的一种特殊职业要求。主动热情、宾客至上要求导游在接待过程中，发扬我国热情好客的优良传统，做到微笑服务、文明礼貌，把游客放在首位，一切为游客着想，努力满足游客的合理正当要求，克服冷淡、保守、懒散等违反旅游职业道德的不良行为。从接待、准备、接站、参观、讲解、购物、用餐、观看文娱节目，到驻点服务、日常生活，导游要一切为游客着想，不得怠慢游客，不得随意改变旅游日程，不得降低服务标准，真正做到把游客当作主人，把游客当作自己的衣食父母。

（二）真诚公道，信誉第一

这是导游职业道德的重要规范，也是主动热情、宾客至上的具体保证。如果导游在接待服务过程中，不真诚公道、不讲信用，主动热情、宾客至上就成了一句空话，将严重损害旅游企业的声誉，并将危及我国旅游业的发展和旅游企业的生存。导游要按照合同和旅游计划日程安排提供服务，以对国家、企业、客人负责的精神，认真维护游客的利益，做到重合同守信用、不弄虚作假、不欺骗和坚持质量标准，做到收费公道、买卖公平、货真价实。在接待服务中维护国家声誉和企业形象，不诋毁同行，抵制工作中存在的不讲信用、胡乱收费、以次充好、变相涨价、克扣客人标准等侵犯合法权益的不良行为。

（三）不卑不亢，一视同仁

这是在职业活动中，导游的民族自尊心、自信心以及国格人格的体现，也是爱国主义精神的具体表现，是正确处理导游与游客关系的重要道德规范。

不卑不亢就是要求导游在接待服务中对海内外客人都能够谦虚谨慎、稳重大方、尊重客人、热情接待，尽到自己的职业责任和道义责任。一视同仁就是要求对于不同国籍、不同民族、不同肤色的游客，对同一团队中的每一位客人没有亲疏之分，都要以热情友好的态度相待，尊重他们的人格。

（四）团结协作，顾全大局

这是旅游业内部正确处理同事之间、部门之间、行业之间，以及局部利益与整体利益、眼前利益与长远利益等相互关系的行为准则，是旅游业提高服务质量的重要保障。

导游在导游服务过程中，要切实处理好组团社和接待社的关系，融洽地陪、全陪、其他接待人员及司机之间的关系。遇有特殊情况如发生安全事故等，能够从大局出发、通力协作、迅速妥善处理、克服本位主义。同游览参观点之间的联系安排要落到实处，不得发生推诿责任现象，要摆正个人、集体、国家三者之间的关系，纠正相互指责扯皮、削价竞争、以邻为壑等不良现象，树立全局观念，在旅游业内部建立起团结友爱、平等互助的新型合作关系。

（五）倡导环保，维护环境

倡导环保，既是导游职业道德的基本原则，也是导游职业道德的基本要求。在带团过程中，导游应积极宣传环境保护，从我做起，从小事做起，保护旅游地的生态环境。具体措施，如在进入旅游地之前，向游客讲解当地或景点有关的环境保护规定；在游览过程中提醒游客，尽可能使用环保型饮食容器；废品垃圾等放入垃圾箱，带出旅游地；引导游客不扰乱野外生活的动植物的生存环境，不捕杀野生动物或破坏植被；引导游客不使用珍稀动植物制品，不购买由濒危动植物制作的商品。

（六）遵纪守法，廉洁奉公

这是旅游业开展正常执业活动，搞好企业经营管理的重要保证，也是导游正确处理个人与集体、个人与国家关系的行为准则和待人接物的基本品质。导游应严格遵守国家法规、外事纪律和行为规范，严守国家机密、廉洁奉公，自觉以国家利益和集体利益为重，坚决与一切贪污浪费、损公肥私、徇私违法行为作斗争，抵制要回扣、索取小费、购物指标、套汇逃税、索取礼品等不正之风，维护旅游事业的声誉，促进社会风气的好转。

（七）钻研业务，提高技能

钻研业务、提高技能是各行各业共同的业务要求和道德规范，是导游搞好优质服务、提高工作效率，为企业创造良好声誉的重要前提，是促进导游不断成长的重要条件。导游不但要自觉履行职业责任，还应具备丰富的业务知识和高超的职业技能，每位导游都要把掌握和提高职业技能作为自己的道德义务，对自己要高标准、严要求，爱一行专一行，不断提高服务水平，用广博的知识丰富自己，才能成为一个称职的导游。对于那些在工作中不思进取、不求上进和满足于一般化的思想，都应在职业道德建设中加以克服。

自我检测

1.导游的素质要求是什么？

2.导游的职业道德是什么？

任务实训

一、实训目标

通过实训，使学生了解导游的素质要求和职业道德规范。

二、实训准备

1.创设情境

红色康乃馨旅行社安排导游小李接待 CS 旅游团。按旅行社计划参观游览结束后，小李认为还有 3 个多小时才到送站离岗时间，便积极推荐该旅游团游览本市新开张的野生动物世界，并按公开的门票价格向客人收取了门票费，同时收取了增加的超出公里费。在参观完野生动物世界后，小李推荐旅游团就地品尝一家巴人风味餐，未到旅行社指定的餐厅就餐，并按 30 元/人向游客收取了超标的餐费，引起客人的不满。这时，小李接到一个电话，声称有急事需要他去处理，便委托刚刚碰上的导游小王，将 CS 旅游团送到机场。客人到了机场后，发现航班已起飞，十分不满，立即向市旅游局进行投诉。

请分析小李违反了导游的哪些职业道德要求？该如何处理？

2.分组

每组4~6人。

三、实训方式

分组讨论。

四、实训步骤

1.理论知识回顾

(1)导游的素质要求:①敬业爱岗;②知识渊博;③有一定的专业技能。

(2)导游的职业道德规范:①主动热情,宾客至上;②真诚公道,信誉第一;③不卑不亢,一视同仁;④团结协作,顾全大局;⑤倡导环保,维护环境;⑥遵纪守法,廉洁奉公;⑦钻研业务,提高技能。

2.分组讨论案例

请同学们以小组为单位,分析案例。

3.归纳出正确答案

4.以小组为单位上台演示讨论结果

项目小结

通过本项目的学习,要求同学们对导游服务的产生与发展、性质、特点和原则,以及导游的职责、素质要求和职业道德有一定的了解,请进行如下评价。

表1.1　评价表

评价内容	标准及要求	互评或师评
导游服务的产生和发展	能了解导游服务的产生与发展	□完全做到　□基本做到　□没做到
导游服务的性质、特点和原则	能掌握导游服务的性质、特点和原则	□完全做到　□基本做到　□没做到
导游服务在旅游中的地位与作用	能掌握导游服务在旅游中的地位与作用	□完全做到　□基本做到　□没做到
导游的概念和分类	能掌握导游的概念和导游的分类	□完全做到　□基本做到　□没做到
导游的职责	能了解导游的基本职责,能掌握在不同岗位的导游的主要职责	□完全做到　□基本做到　□没做到
导游的素质要求和职业道德	能了解导游的素质要求和职业道德	□完全做到　□基本做到　□没做到

项目二　导游服务程序与服务规范

项目概述

导游服务集体的任务是实施旅游接待计划，为游客提供或落实食、住、行、游、购、娱等方面服务，保证团队旅游活动的顺利进行。由于导游服务集体中的各成员工作范围和工作重点的不同，他们的服务内容也会有所差别。

在导游服务过程中，全陪、地陪和领队三者之间可能会遇到问题，出现矛盾和分歧，但是，他们都必须以全面执行旅行社之间、旅行社与游客之间签订的协议为原则，因为旅游协议书中的各项规定是全陪、地陪和领队应共同努力完成的任务和目标，是他们协作共事的基础。

任务一　了解地陪导游服务程序与服务质量要求

任务分析

地陪规范服务流程是指地陪自接受了旅行社下达的旅游团接待任务起至送走旅游团整个过程的工作流程。在这个过程中，地陪自始至终应按照中华人民共和国国家标准《导游服务质量标准》（以下简称《标准》）去接待来自全国和世界各地的朋友。

任务目标

（1）使学生理解地陪的服务程序与标准；

（2）使学生掌握地陪在各个工作环节的要领和技巧；

（3）使学生学习接待计划安排、旅途讲解、生活服务等，争取达到良好工作效果，做到标准化服务和个性化服务的和谐统一。

任务实施

《标准》中指出，“地陪服务是确保旅游团（者）在当地参观游览活动的顺利，并充分了解和感受参观游览对象的重要因素之一”，并要求“地陪应按时做好旅游团（者）在本站的迎送工作；严格按照接待计划，做好旅游团（者）参观游览过程中的导游讲解工作和计划内的食宿、购物、文娱等活动的安排；妥善处理各方面的关系和出现的问题”。

本任务按《标准》要求详细讲述地陪为团体包价旅游团提供导游服务时的工作流程和应达到的服务质量标准。

一、准备工作

做好准备工作是地陪提供良好服务的重要前提。地陪的准备工作应在接到旅行社分配的任务、领取了盖有旅行社印章的接待计划后立即开始。地陪工作可谓千头万绪，考虑不周就可能出错，因此，地陪的准备工作应细致、周密、事必躬亲。准备工作可分为以下几个方面：

（一）熟悉接待计划

《标准》要求："地陪应在旅游团（者）抵达之前认真阅读接待计划和有关资料，详细、准确地了解该旅游团（者）的服务项目和要求，重要事宜作好记录。"

地陪在接受任务后，通过阅读分析，应弄清、掌握旅游团的以下情况：

（1）旅游团的基本信息：

①组团社名称（计划签发单位）、联络人姓名、电话号码、客源地组团社名称、团号、旅游团的结算方式、旅游团的等级（如豪华团、标准团、经济团等）和全陪姓名。

②旅游团的团名、代号、电脑序号、人数（含儿童）、用车、住房、餐标（是否含酒水）等情况。

③在食、住、行、游等方面是否有特殊要求，是否有有特殊要求的游客（如残疾游客、高龄游客）。

（2）旅游团员的基本情况：客源地、全陪姓名、游客姓名、性别、职业、年龄（是否有老人和儿童）、宗教信仰、民族。

（3）全程旅游路线，海外旅游团的入、出境地点。

（4）所乘交通工具情况：抵离本地时所乘航班（车次、船次）、时间和机场（车站、码头）的名称。

（5）掌握交通票据的情况：

①该团去下一站的交通票据是否已按计划订妥，有无变更及更改后的情况；有无返程票，机场建设费的付费方式（是游客自付还是全陪或本社垫付）。

②接海外团应了解该团机票有无国内段；要弄清机票的票种是OK票还是OPEN票。

接待计划是组团旅行社委托各地方接待社组织落实旅游团活动的契约性文件，是导游了解该团基本情况和安排活动日程的主要依据。地陪须在上团前三天领取接待计划。

旅行社旅游任务派遣书

<table>
<tr><td>旅行社名称</td><td colspan="4">（盖章）</td><td>电话</td><td></td></tr>
<tr><td>团号</td><td colspan="2"></td><td>游客类别</td><td>□国际
□国内</td><td>游客
人数</td><td></td></tr>
<tr><td>导游姓名</td><td></td><td>专兼职</td><td></td><td>导游证号</td><td colspan="2"></td></tr>
<tr><td>目的地</td><td colspan="3"></td><td>团队性质</td><td colspan="2">□地接　□出游</td></tr>
<tr><td>任务时间</td><td colspan="4">年　月　日至　年　月　日</td><td colspan="2">天　夜</td></tr>
<tr><td rowspan="4">乘坐交通
情况</td><td>抵达</td><td colspan="5">交通工具：　航班（车次、船次）：　月　日　时</td></tr>
<tr><td>离开</td><td colspan="5">交通工具：　航班（车次、船次）：　月　日　时</td></tr>
<tr><td>接送站</td><td colspan="5">接：车型　座数　司机
送：车型　座数　司机</td></tr>
<tr><td>城市间</td><td colspan="5"></td></tr>
<tr><td>住宿饭店</td><td colspan="4"></td><td>住宿天数</td><td></td></tr>
<tr><td>游览景点</td><td colspan="6"></td></tr>
<tr><td>进餐地点</td><td colspan="6"></td></tr>
<tr><td>购物地点</td><td colspan="6"></td></tr>
<tr><td>其他安排</td><td colspan="6"></td></tr>
<tr><td>计调部
负责人</td><td colspan="4">（签名）</td><td>计调部
电话</td><td></td></tr>
<tr><td>完成任务情况
及有关说明</td><td colspan="6"></td></tr>
</table>

6.掌握特殊要求和注意事项

（1）该团是否要求有关方面负责人出面迎送、会见、宴请等礼遇。

（2）该团有无要办理通行证地区的参观游览项目，如有则要及时办理相关手续。

（二）落实接待事宜

《标准》要求："地陪在旅游团（者）抵达的前一天，应与各有关部门或人员落实、核查旅游团（者）的交通、食宿、行李运输等事宜。"

1.落实旅游车辆

（1）与为该团提供交通服务的车队或汽车公司联系，问清、核实车号、司机的姓名、联系电话。

（2）接大型旅游团时，车上应贴编号或醒目的标记。

（3）确定与司机的接头地点并告知活动日程和具体时间。

2.落实住宿

地陪应熟悉该团所住饭店的名称、位置、概况、服务设施和服务项目,向饭店销售部或总服务台核实该团游客所住房间的数目、级别、用房时间是否与旅游接待计划相符合和房费内是否含早餐等,向饭店提供该团抵店时间。

3.落实用餐

地陪应提前与各有关餐厅联系,确认该团日程表上安排的每一次用餐的情况,其中包括日期、团号、用餐人数、餐饮标准、特殊要求。

4.落实行李运送

各旅行社是否配备行李车是根据旅游团的人数多少而定的,地陪应了解本社的具体规定。如该团是配有行李车的旅游团,地陪应了解落实为该团提供行李服务的车辆和人员,提前与之联络,使其了解该团抵达的时间、地点、住哪一家饭店。

5.了解不熟悉景点的情况

对新的旅游景点或不熟悉的参观游览点,地陪应事先了解其概况:开放时间、最佳游览路线、厕所位置等,以便游览活动顺利进行。

6.与全陪联系

地陪应和全陪提前约定接团的时间和地点,防止漏接或空接事故的发生。

(三)做好物质准备

《标准》要求:"上团前,地陪应做好必要的物质准备,带好接待计划、导游证、胸卡、导游旗、接站牌、结算凭证等物品。"

1.领取必要的票证和表格

地陪在做准备工作时,一项十分重要的工作就是按照该旅游团中游客的人数和活动日程表中活动安排的实际需要,到本社有关人员处领取门票结算单和旅游团餐饮结算单等结算凭证及与该团有关的表格(如游客意见反馈表等)。地陪一定要注意:在填写各种结算凭证时,具体数目一定要与该团的实到人数相符,人数、金额要用中文大写。

2.备齐上团必备的证件和物品

(1)导游上团必须佩戴导游胸牌、携带导游资格证、计划书,做到三证齐全,举本社导游旗。地陪在上团前一定要提前准备好以上证件和物品。

(2)地陪上团前还应配齐记事本、名片、接站牌,有时还应准备旅行车标志。

3.知识准备

根据旅游团的计划和旅游团的性质和特点准备相应知识,如带专业旅游团所需的专业知识、新开放的游览点或特殊游览点的知识等;对当前的热门话题、国内外重大新闻、游客可能感兴趣的话题等都应做好相应的知识准备。

(四)形象准备

导游自身美不是个人行为,在宣传旅游目的地、传播中华文明方面起着重要作用,也有助于在游客心目中树立导游的良好形象。因此,地陪在上团前要做好仪容、仪表方面的准备,尤其是炎炎夏日,更要打扮得体。

(1)导游的着装要符合导游的身份,方便导游服务工作。

(2)导游衣着要整洁、整齐、大方、自然,佩戴首饰要适度,不浓妆艳抹;否则,游客会认为"导游只顾自己,哪有精力照顾我们?"

(五)心理准备

导游在接团前的心理准备主要有两个方面:

1.准备面临艰苦复杂的工作

在做准备工作时,导游不仅要考虑到按正规的程序要求提供给游客热情的服务,还要有充分的思想准备考虑对特殊游客如何提供服务,以及在接待工作中发生问题和事故时如何去面对和处理。

2.准备承受抱怨和投诉

导游接待对象的复杂性,可能会遇到下述情况:导游已尽其所能热情周到地为旅游团服务,但还会有一些游客挑剔、抱怨、指责导游的工作,甚至提出投诉。对于这种情况,导游要有足够的心理准备,冷静、沉着地面对。只有对导游工作有着执着的爱,才会无怨无悔地为游客服务。

(六)联络畅通准备

(1)备齐并随身携带与有关接待社各个部门、行李员、车队、餐厅、饭店、剧场、商店、机场、车站等个人或单位联系、问讯的电话号码。

(2)地陪上团前要检查自己的手机是否好用,电力是否充足,以保证与旅行社之间的联络畅通。

二、接站服务

《标准》要求:"在接站过程中,地陪服务应使旅游团(者)在接站地点得到及时、热情、友好的接待,了解在当地参观游览活动的概况。"

接站是指地陪去机场(车站、码头)迎接旅游团。接站服务在地陪服务程序中至关重要,因为这是地陪和游客的第一次直接接触。游客每到一地总有一种新的期待,接站服务是地陪的首次亮相,要给游客留下热情、干练的第一印象。这一阶段的工作直接影响着以后接待工作的质量。

(一)旅游团抵达前的业务准备

接团当天,地陪应提前到达旅行社,全面检查准备工作的落实情况:

1.落实旅游团所乘交通工具抵达的准确时间

接团当天,地陪应在出发前3小时向机场(车站、码头)问讯处问清飞机(火车、轮船)到达的准确时间(一般情况下应在飞机抵达前的2小时,火车、轮船预定到达时间前1小时向问讯处询问);做到三核实:计划时间、时刻表时间、问讯时间。

2.与司机商定出发时间

得知该团所乘的交通工具到达的准确时间后,地陪应与旅游车司机联系,与其商定出发时间,确保提前半小时抵达接站地点。

3.与司机商定停车位置

赴接站地点途中,地陪应向司机介绍该团的日程安排。如需要使用音响设备导游讲解,地陪应事先调试音量,以免发生噪声。到达机场(车站、码头)后应与司机商定旅游车停放位置。

4.再次核实该团所乘交通工具抵达的准确时间

地陪提前半小时抵达接站地点后,要马上到问讯处再次核实旅游团所乘飞机(火车、轮船)抵达的准确时间。

5.与行李员联系

地陪应在旅游团出站前与行李员取得联系,告知其该团行李送往的地点。

6.迎候旅游团

旅游团所乘交通工具抵达后,地陪应在旅游团出站前,持本社导游旗或接站牌,站立在出站口醒目的位置,热情迎接旅游团。接站牌上应写清团名、团号、领队或全陪姓名;接小型旅游团或无领队、无全陪的旅游团时,要写上游客的姓名、单位或客源地。地陪也可通过交团社的社旗或游客的人数及其他标志(如所戴的旅游帽、所携带的旅行包)上前委婉询问,主动认找旅游团。

(二)旅游团抵达后的服务

1.认真核实防错接

找到旅游团后,为防止错接,地陪应及时与领队、全陪接洽,核实该团的客源地、组团社或交团社的名称、领队及全陪姓名、旅游团人数等。如该团无领队和全陪,应与该团成员逐一核对团员客源地及团员姓名等,无任何出入才能确定是自己应接的旅游团。如因故出现人数增加或减少等与计划不符的情况,要及时通知旅行社有关部门。

2.集中清点交行李

地陪应协助该团游客将行李集中放在指定位置,提醒游客检查自己的行李物品是否完整无损。与领队、全陪核对行李件数无误后,移交给行李员,双方办好交接手续。若有行李未到或破损,导游应协助当事人到机场登记处或其他有关部门办理行李丢失或赔偿申报手续。

3.集合登车清人数

地陪应提醒游客带齐手提行李和随身物品,引导游客前往登车处。游客上车时,地陪应恭候在车门旁,协助或搀扶游客上车就座。待游客坐稳后,地陪再检查一下游客放在行李架上的物品是否放稳,礼貌地清点人数,游客到齐坐稳后请司机开车。地陪在旅游车上开始工作前,要将移动电话调至静音、振动状态,无紧急事情不要在旅游车上打电话。

(三)途中服务

在行车途中,地陪要做好如下几项工作,这是地陪给全团留下良好第一印象的重要环节。

1.致欢迎词

欢迎词内容应视旅游团的性质及其成员的文化水平、职业、年龄及居住地区等情况而有所不同,一般应在游客放好物品、各自归位、静等片刻后,再开始讲。因为游客新到一地,对周围环境有新奇感,左顾右盼,精神不易集中,讲解效果不好。因此,地陪要掌握时机,等大家情绪稳定下来后再行讲解。欢迎词要求有激情、有特点、有新意、有吸引力,短时间内就能把游客吸引到你的身上来,给游客留下深刻印象。一般应包括如下内容:

(1)问候语:如“各位来宾、各位朋友,大家好”。

(2)欢迎语:代表所在旅行社、本人及司机欢迎游客光临本地。

(3)介绍语:介绍自己的姓名及所属单位,介绍司机。

(4)希望语:表示提供服务的诚挚愿望。

(5)祝愿语:预祝旅游愉快顺利。

2.调整时间

如接入境团,地陪在致完欢迎词后要介绍两地的时差,请游客将自己的表调到北京时间。

3.首次沿途导游

游客初来一地感到好奇、新鲜,什么都想问,什么都想知道,地陪应把握时机,选择游客最感兴趣、最急于了解的事物进行介绍,以满足游客的好奇心和求知欲。所以,地陪必须做好首次沿途导游。首次沿途导游是展示导游知识、导游技能和工作能力的大好机会,精彩成功的首次沿途导游会使游客产生信任感和满足感,从而在他们的心目中树立起导游的良好第一印象。

(1)介绍旅游地概况,如地理位置、历史沿革、人口状况、行政区划、市政建设等。

(2)风光风情介绍。地陪在风光风情介绍时,讲解的内容要简明扼要,语言节奏明快、清晰;景物取舍得当,随机应变,见人说人,见景说景,与游客的观赏同步,如可以谈谈旅游地的饮食习惯、旅游地的气候及旅游地的土特产品等。

总之,沿途导游贵在灵活,地陪应把握时机、反应敏锐。

4.介绍下榻的饭店

在旅游车快到下榻的饭店时,地陪应向游客介绍该团所住饭店的基本情况:饭店的名称、位置、距机场(车站、码头)的距离、星级、规模、主要设施和设备及其使用方法、入住手续及注意事项(如赠品和非赠品的区别)。

5.宣布当日或次日的活动安排

地陪在与领队或全陪核对商定节目安排之后,应及时向本团游客介绍当日或次日的活动安排,讲清集合时间、地点并请游客记住车牌号码。

三、抵达饭店后的服务

《标准》要求："地陪服务应使旅游者抵达饭店后尽快办理好入店手续，进住房间，取到行李，及时了解饭店的基本情况和住店注意事项，熟悉当天或第二天的活动安排。"

（一）协助办理住宿手续

游客抵达饭店后，地陪要协助领队和全陪办理入住登记手续，请领队分发住房卡。地陪要掌握领队、全陪和团员的房间号，并将与自己联系的办法如房间号（若地陪住在饭店）、电话号码等告知全陪和领队，以便有事时尽快联系。

（二）介绍饭店设施

进入饭店后，地陪应向全团介绍饭店内的外币兑换处、中西餐厅、娱乐场所、商品部、公共洗手间等设施的位置，并讲清住店注意事项，向游客指明电梯和楼梯的位置。

（三）带领旅游团用好第一餐

游客进入房间之前，地陪要向游客介绍饭店内的就餐形式、地点、时间及餐饮的有关规定。游客到餐厅用第一餐时，地陪必须带他们去餐厅，帮助他们找到桌次，要将领队和全陪介绍给餐厅领班、主管等相关人员，告知旅游团的特殊要求（如用餐标准、游客口味、忌食等），向游客介绍有关餐饮规定，祝愿游客胃口好。

（四）宣布当日或次日活动安排

游客进入房间之前，地陪应向全团宣布有关当天或第二天活动的安排，集合的时间、地点。如该团中有提前入住的游客，必须通知他们次日的出发时间及活动安排。

（五）照顾行李进房

地陪应等待本团行李送达饭店，负责核对行李，督促饭店行李员及时将行李送至游客的房间。

（六）确定叫早时间

地陪在结束当天活动离开饭店之前，应与领队商定第二天的叫早时间，并请领队通知全团，地陪则应通知饭店总服务台或楼层服务台。

（七）协助处理游客入住后的各类问题

游客进入房间后，地陪应在本团游客居住区内停留一段时间，处理临时发生的问题，如打不开房门、房间不符合标准、房间卫生差、设施不全或损坏、卫生设备无法使用、行李错投等，有时还可能出现游客调换房间等要求。地陪要协助饭店有关部门处理此类问题。

四、核对、商定日程

核对、商定日程是旅游团抵达后的重要程序。地陪在接到旅游团后，应尽快与领队、全陪进行这项工作。

(一)核对、商定日程的必要性

地陪在接受旅行社下达的接待任务时,旅行社的计调部门已将该团的参观游览内容明确规定在旅游协议书上,并已安排好该团的活动日程,其中包括每天上、下午安排去哪个景点参观游览;午、晚餐安排在哪家餐厅用餐;晚间活动的内容等。即便如此,地陪也必须与领队、全陪核对、商定日程的工作(若无领队和全陪,地陪应与全体游客进行这项工作)。地陪必须认识到,游客提前支付了一笔费用参加旅游团,也就是购买了旅行社产品,作为消费者有权审查产品是否合格。日程安排是旅行社产品的一个重要部分,游客有权审核该团的活动计划和具体安排,也有权提出修改意见。导游与游客商定日程,既是对游客的尊重,也是一种礼遇。领队希望得到他国导游的尊重和协助,商定日程并宣布活动日程是领队的职权。某些专业旅游团除参观游览活动外,还有其他特定的任务(如参观工厂、学校、幼儿园、居委会等),因此商定日程显得尤为重要。

(二)核对、商定日程的时间、地点

在旅游团抵达后,地陪应抓紧时间尽早进行核对、商定日程的工作,这是与领队、全陪合作的开始,并使本团游客心中有数。如果团队抵达后是直接去游览点的,核对商定团队行程的时间、地点一般可选择在机场或行车途中;如果团队是先前往饭店的,一般可选择在饭店入住手续安排好后的一个时间,地点宜在公共场所,如饭店大厅等。

(三)核对、商定日程时,可能出现的几种情况及处理措施

1.提出小的修改意见或增加新的游览项目时

(1)及时向旅行社有关部门反映,对"合理又可能"满足的项目,应尽力予以安排。

(2)需要加收费用的项目,地陪要事先向领队或游客讲明,按有关规定收取费用。

(3)对确有困难而无法满足的要求,地陪要详细解释、耐心说服。

2.提出的要求与原日程不符且又涉及接待规格时

一般应婉言拒绝,并说明我方不便单方面不执行合同;如确有特殊理由,并且由领队提出时,地陪必须请示旅行社有关部门,视情况而定。

3.领队(或全陪)手中的旅行计划与地陪的接待计划有部分出入时

要及时报告旅行社,查明原因,分清责任;若是接待方的责任,地陪应实事求是地说明情况,并向领队和全体游客赔礼道歉。

五、参观游览服务

《标准》要求:"参观游览过程中的地陪服务,应努力使旅游团(者)参观游览全过程安全、顺利。应使旅游者详细了解参观游览对象的特色、历史背景等及其他感兴趣的问题。"

参观游览活动是旅游产品消费的主要内容,是游客期望的旅游活动的核心部分,也是导游服务工作的中心环节。因此,地陪在带团参观游览前应认真准备、精心安排;在参观游览过程中应热情服务、生动讲解。

地陪在参观游览服务中应做的工作:

(一)出发前的服务

1.提前到达出发地点

出发前,地陪应提前10分钟到达集合地点。提前到达的作用:

(1)这是导游工作负责任的表现,会给游客留下很好的印象。

(2)地陪可利用这段时间礼貌地招呼早到的游客,询问游客的意见和要求。

(3)在时间上留有余地,以身作则遵守时间,应付紧急突发事件,提前做好出发前的各项准备工作。

2.核实实到人数

若发现有游客未到,地陪应向全陪、领队或其他游客问明原因,并设法及时找到;若有的游客愿意留在饭店或不随团活动,地陪要问清情况并妥善安排,必要时报告饭店有关部门。

3.落实旅游团的当天用餐

地陪要提前落实本团当天的用餐,对午、晚餐的用餐地点、时间、人数、标准、特殊要求逐一核实并确认。

4.提醒注意事项

出发前,地陪应向游客预报当日的天气,游览景点的地形特点、行走路线的长短等情况,必要时提醒游客带好衣服、雨具,换上舒适方便的鞋。这些看起来是小事,但会使游客感到地陪服务很周到细致,也可以减少或避免游客生病、扭伤、摔伤等问题的发生。

5.准时集合登车

早餐时向游客问候,提醒集合时间和地点;游客陆续到达后,清点实到人数并请游客及时上车,地陪应站在车门一侧,一面招呼大家上车,一面扶助老弱者登车;开车前,要再次清点人数。

(二)途中导游

1.重申当日活动安排

开车后,地陪要向游客重申当日活动安排,包括午、晚餐的时间地点;向游客报告到达游览点途中所需时间;视情况介绍当日国内外重要新闻。

2.风光导游

在前往景点的途中,地陪应向游客介绍本地的风土人情、自然景观,回答游客提出的问题。

3.介绍游览景点

抵达景点前,地陪应向游客介绍该景点的简要概况,尤其是景点的历史价值和特色。讲解要简明扼要,目的是满足游客事先想了解有关知识的心理,激起其游览景点的欲望,也可节省到目的地后的讲解时间。

4.活跃气氛

如果旅途时间长,可以讨论一些游客感兴趣的国内外问题,或做主持人组织适当的娱乐活动等来活跃气氛。

（三）景点导游、讲解

1.交代注意事项

（1）抵达景点下车前，地陪要讲清并提醒游客记住游览车的车型、颜色、标志、车牌号和停车地点、开车时间；尤其是下车和上车不在同一地点时，地陪更应提醒游客注意。

（2）在景点示意图前，地陪应讲明游览线路，所需时间，集合时间、地点等。

（3）地陪还应向游客讲明游览参观过程中的注意事项（如所游览场所是一个禁烟场所，请各位吸烟者注意）。

2.导游讲解

抵达景点后，地陪的主要工作是带领本团游客沿着游览线路对所见景物进行精彩的导游讲解。讲解的内容要因人而异、繁简适度，包括该景点的历史背景、特色、地位、价值等方面的内容。讲解时，语言不仅应使游客听得清楚，而且要生动、优美，富有表达力；不仅能使游客增长知识，而且还能得到美的享受。

景点示意图

导游讲解

3.严格执行计划

在景点景区内的游览过程中，地陪应严格执行旅游合同，保证在计划的时间与费用内，使游客充分地游览、观赏。擅自缩短时间或克扣门票费用的做法都是错误的。

4.注意游客的安全

在游览过程中，地陪应做到讲解与引导游览相结合，适当集中与分散相结合，劳逸适度。在讲解时，地陪也应眼观六路、耳听八方，注意游客的安全，自始至终与游客在一起活动；在景点的每一次移动都要和全陪、领队密切配合并随时清点人数，防止游客走失和意外事件的发生。

（四）参观活动

1.做好安排落实工作

当安排旅游团到工厂、学校、幼儿园参观时，地陪一般都应提前做好联系落实工作。

2.翻译或语言的传达工作

在参观时，一般是由主人先作情况介绍，然后是引导参观。这时，地陪的主要任务是翻译或做语言信息的传达工作；但整个参观活动的时间安排宜短不宜长。外语导游在翻译的过程中应注意，若介绍者的言语有不妥之处，应予以提醒，请其纠正后再译。如来不及可改译或不译,但事后要说明,必要时还要把关,以免泄露有价值的经济情报。

(五)返程中的工作

从景点、参观点返回饭店的途中,地陪可视具体情况做以下工作:

1.回顾当天活动

回顾当天参观、游览的内容,回答游客的提问,如在参观游览中有漏讲的内容可作补充讲解。

2.风光导游

如不从原路返回饭店,地陪应该对沿途风光进行导游讲解。

3.宣布次日活动日程

返回饭店下车前,地陪要预报晚上或次日的活动日程、出发时间、集合地点等。提醒游客带好随身物品。地陪要先下车,照顾游客下车,再向他们告别。

4.提醒注意事项

如当天回到饭店较早或晚上无集体活动安排,考虑到游客会外出自由活动,地陪在下车前要提醒游客注意:如要外出,最好结伴同行,带上饭店的地址和电话号码,尽量乘出租车出行。

5.安排叫早服务

如该团需要叫早服务,地陪应在结束当天活动、离开饭店之前做好安排。

六、食、购、娱等服务

游客出门旅游,游固然是最主要的内容,但是食、购、娱等项目恰到好处的安排,能使旅游活动变得丰富多彩,加深游客对旅游目的地的印象。因此,在安排食、购、娱等旅游活动时,地陪同样应该尽心尽力,提供令游客满意的服务。

(一)餐饮服务

1.计划内的团队便餐

地陪要提前按照接待社的安排落实本团当天的用餐,对午、晚餐的用餐地点、时间、人数、标准、特殊要求与供餐单位逐一核实并确认。用餐时,地陪应引导游客进餐厅入座,并介绍餐厅及菜肴特色;向游客说明餐标是否含酒水及酒水的类别。

向领队讲清司陪人员的用餐地点及用餐后全团的出发时间。

用餐过程中,地陪要巡视旅游团用餐情况一两次,解答游客在用餐中提出的问题,并监督、检查餐厅是否按标准提供服务并解决出现的问题。

用餐后,地陪应严格按实际用餐人数、标准、饮用酒水数量,填写“餐饮费结算单”与餐厅结账。

2.自助餐的服务

自助餐是旅游团队用餐常见的一种形式,是指餐厅把事先准备好的食物陈列在食品台上,游客进入餐厅后,即可自己动手选择符合自己口味的菜品,然后到餐桌上用餐。自助餐方便、灵活,游客可以根据自己的口味各取所需,因此深受游客欢迎。在用自助餐时，导游要强调自助餐的用餐要求，告诫游客以吃饱为标准，注意节约、卫生，不可以打包带走。

3.风味餐的服务

旅游团队的风味餐有计划内和计划外两种。计划内风味餐是指包括在团队计划内的，其费用团费中已包含；计划外风味餐则是指未包含在计划内的，是游客临时决定需要现收费用的。计划内风味餐按团队计划运作即可；计划外风味餐应先收费，然后向餐厅预订。

风味餐作为当地的一种特色餐食是当地传统文化的组成部分，宣传、介绍风味餐是弘扬民族饮食文化的活动。因此，在旅游团队用风味餐时，地陪应加以必要的介绍，如风味餐的历史、特色、人文精神及其吃法等，能使游客既饱口福，又饱耳福。

在用风味餐时，作为地陪，不是游客出面邀请不可参加；受游客邀请一起用餐时，则要处理好主宾关系，不能反客为主。

4.宴会服务

旅游团队在行程结束时，常会举行告别宴会。告别宴会是在团队行程即将结束时举行的，因此，游客都比较放松，宴会的气氛往往比较热烈。作为地陪，越是在这样的时刻越要提醒自己不能放松服务这根“弦”。要正确处理好自己与游客的关系，既要与游客共乐又不能完全放松自己，举止礼仪不可失常，并要做好宴会结束后的游客送别工作。

（二）购物服务

购物是游客旅游过程中的一个重要组成部分。游客总是喜欢购买一些当地名特产品、旅游商品送给自己的亲朋好友。游客购物的一个重要特点是随机性较大，因此，作为地陪要把握好游客的购物心理，做到恰到好处地宣传、推销本地的旅游商品，既符合游客的购买意愿，也符合导游工作的要求。在带领旅游团购物时，要做到：

（1）严格按照《导游人员管理条例》等有关规章执行接待单位制订的游览活动日程，带旅游团到旅游定点商店购物，避免安排次数过多、强迫游客购物等问题出现。

（2）游客购物时，地陪应向全团讲清停留时间及有关购物的注意事项，介绍本地商品的特色，承担翻译工作，介绍商品托运手续等。

（3）商店不按质论价、抛售伪劣物品、不提供标准服务时，地陪应向商店负责人反映，维护游客的利益；如遇小贩强拉强卖，地陪有责任提醒游客不要上当受骗，不能放任不管。

（三）娱乐服务

1.观看文娱节目

旅游团观看文娱演出，也有两种情况：计划内和计划外。在旅游团的计划内若有观看文娱节目的安排，地陪应向游客简单介绍节目内容及特点并准时陪同前往；与司机商定好出发的时间和停车位置；引导游客入座；要自始至终和游客在一起；演出结束后，要提醒游客带好随身物品。计划外的文娱活动要在保证可以安排落实的前提下，向游客收取一定的费用，并提供票据。

在大型的娱乐场所,地陪应主动和领队、全陪配合,注意本团游客的动向和周围的环境,并提醒游客注意安全,不要分散活动。

值得注意的是,导游决不可带旅游团涉足一些格调低下甚至色情的表演场所。

2.舞会

遇有重大节庆活动,有关单位组织社交性舞会,邀请游客参加,地陪应陪同前往;游客自发组织参加娱乐性舞会,地陪可代为购票。如果游客邀请导游,导游是否参加自便:若不愿参加可婉言谢绝;若参加,应注意适度,但无陪舞的义务。

3.市容游览服务

市容游览,俗称“逛街”,是游客认识和了解一个城市的风貌和民情,融入当地生活的一种重要方式,也是游客修身养性的一种休闲方式。市容游览的方式有两种:一种是徒步,另一种是乘交通工具。

当地陪带领游客徒步进行市容游览时,要注意:

(1)所去的游览地应是最能代表当地特色的、最能吸引游客视线的,如到武汉的游客可安排他们游览江汉路步行街、闻名遐迩的汉正街、武昌的解放路等。

(2)提高警惕,注意游客周围的环境变化,当好游客的安全保卫员。

如果是乘游览车游览市容,则要提醒司机车速适中,地陪的导游讲解内容应与车速基本同步。

七、送站服务

《标准》要求:“旅游团(者)结束本地参观游览活动,地陪服务应使旅游者顺利、安全离站,遗留问题得到及时妥善的处理。”

送站服务是导游工作的尾声,地陪应善始善终,对接待过程中曾发生的不愉快的事情,应尽量做好弥补工作;要想方设法把自己的服务工作推向高潮,使整个旅游过程在游客心目中留下深刻印象。

(一)送站前的业务准备

1.核实、确认离站交通票据

旅游团离开本地的前一天,地陪应核实旅游团离开的机(车、船)票,要核对团名、代号、人数、去向、航班(车次、船次)、起飞(开车、启航)时间(做到计划时间、时刻表时间、票面时间、问询时间四核实)、在哪个机场(车站、码头)启程等事项。如果航班(车次、船次)和时间有变更,应当问清内勤是否已通知下一站,以免造成下一站漏接。

若是乘飞机离境的旅游团,地陪应提醒或协助领队提前72小时确认机票。

2.商定出行李时间

如团队有大件行李托运,地陪应在该团离开本地前一天与全陪或领队商量好出行李时间,并通知游客及饭店行李房,同时要向游客讲清托运行李的具体规定和注意事项,提醒游客不要将护照或身份证及贵重物品放在托运行李内;托运的行李必须包装完善、锁扣完好、捆扎牢固,并能承受一定的压力;知道哪些是禁止托运的物品等。出行李时,地陪应与全陪、领队、行李员一起清点,最后在饭店行李交接单上签字。

3.商定出发时间

一般由地陪与司机商定出发时间(因司机比较了解路况),但为了安排得合理和尊重起见,还应及时与领队、全陪商议,确定后应及时通知游客。

如该团乘早班机(火车或轮船),出发的时间很早,地陪应与领队、全陪商定叫早和用早餐的时间,并通知游客;如果该团需要将早餐时间提前(早于餐厅的正常服务时间),地陪应通知餐厅订餐处提前安排。

4.协助饭店结清与游客有关的账目

地陪应及时提醒、督促游客尽早与饭店结清与其有关的各种账目(如洗衣费、长途电话费、房间酒水饮料费等);若游客损坏了客房设备,地陪应协助饭店妥善处理赔偿事宜。同时,地陪应及时通知饭店有关部门旅游团的离店时间,提醒其及时与游客结清账目。

5.及时归还证件

一般情况下,地陪不应保管旅游团的证件,用完后应立即归还游客或领队。在离站前一天,地陪要检查自己的物品,看是否保留有游客的证件、票据等,若有应立即归还,当面点清。

(二)离店服务

1.集中交运行李

旅游团离开饭店前,地陪要按事先商定好的时间与饭店行李员办好行李交接手续。具体做法是:先将本团游客要托运的行李收齐、集中,然后地陪与领队、全陪共同清点行李的件数(其中包括全陪托运的行李),最后与饭店行李员办好行李签字交接手续。

2.办退房手续

在团队将离开所下榻的饭店时,地陪要到总服务台办理退房手续。收齐房间的钥匙交到总服务台,核对用房情况,无误后按规定结账签字。无特殊情况,应在中午12:00以前退房。同时,要提醒游客带好个人物品及旅游证件,询问游客是否已与饭店结清账目。

(三)集合上车

所有离店手续办好后,照顾游客上车入座。地陪要仔细清点人数。全体到齐后,要再一次请游客清点一下随身携带物品,并询问是否将证件随身携带。此时,地陪最需强调的是提醒游客勿将物品忘在饭店里。如无遗漏,则请司机开车离开饭店赴机场(车站、码头)。

(四)送站途中的讲解服务

如果说转移途中讲解是地陪首次亮相的话,那么,送站的讲解是地陪的最后一次“表演”。同演戏一样,这最后一次的“表演”应是一场压轴戏。通过这最后的讲解,地陪要让游客对自己所在的地区或城市产生一种留恋之情,加深游客不虚此行的感受。

送站途中的讲解主要由以下几部分内容组成:

1.行程回顾

在去机场(车站、码头)的途中,地陪应对旅游团在本地的行程,包括食、住、行、游、购、娱等各方面做一个概要的回顾，目的是加深游客对这次旅游经历的体验。讲解方式可用归纳式、提问式两种，讲解内容可视途中距离远近而定。

2.致欢送词

欢送词的内容主要包括以下五个方面：

(1)感谢语：对领队、全陪、游客及司机的合作分别表示谢意。

(2)惜别语：表达友谊和惜别之情。

(3)征求意见语：向游客诚恳地征询意见和建议。

(4)致歉语：对行程中有不尽如人意之处，祈求原谅，并向游客赔礼道歉。

(5)祝愿语：期望再次相逢，表达美好的祝愿。

致完欢送词后，地陪可将"旅游服务质量意见反馈表"发给游客，请其填写，如需寄出，应先向游客讲明邮资已付；如需导游带回，则应在游客填写完毕后如数收回、妥善保管。

3.提前到达机场(车站、码头)

地陪带旅游团到达机场(车站、码头)必须留出充裕的时间。具体要求是：出境航班提前2小时；国内航班提前90分钟；乘火车提前1小时。

旅游车到达机场(车站、码头)，地陪要提醒游客带齐随身的行李物品，照顾游客下车。待全团游客下车后，地陪要再检查一下车内有无遗漏的物品。

(五)办理离站手续

1.送国内航班

(1)提前90分钟到达机场后，带领游客走进机场大厅。

(2)交纳机场建设费。

(3)检查行李。

(4)收取游客身份证集中办理换登机牌及行李托运手续。

(5)将机票、登机牌、身份证、行李牌清点后交给全陪(或领队)，由全陪(或领队)发给每位游客。

(6)送别。

(7)游客全部进入隔离区后方可离开。

2.送火车、轮船

(1)提前抵达车站、码头，使游客有足够的时间上火车、轮船，应提前30分钟将游客送上车厢或轮船客舱落座。

(2)带领游客找到车厢或客舱。

(3)将交通票据或卧具牌、行李票据交给全陪(或领队)。

(4)送别。

(5)车、船启动后方可离开。

送走旅游团后，地陪应与旅游车司机结账，在用车单据上签字，并保留好单据。

八、善后工作

旅游团结束在本地的游程离开后，地陪还应做好总结、善后工作。

（一）处理遗留问题

下团后，地陪应妥善、认真处理好旅游团的遗留问题：如果旅游团离开后，发现游客遗忘了某些物品，应及时交回旅行社，设法尽快交还失主；如果游客曾委托地陪办理一些事情，应该向旅行社有关部门反映，尽快帮游客处理完毕。

（二）结账

地陪应按旅行社的具体要求并在规定的时间内，填写清楚有关接待和财务结算表格，连同保留的各种单据、接待计划、活动日程表等按规定上交有关人员并到财务部门结清账目。

地陪下团后应将向旅行社借的某些物品，经检查无损后及时归还，办清手续。

（三）总结工作

认真做好陪团小结，实事求是地汇报接团情况。涉及游客的意见和建议，力求引用原话，并注明游客的身份。

地陪应及时将“旅游服务质量意见反馈表”交到旅行社有关部门。此表对旅游活动中旅游服务的各方面都有一个比较客观的反映。旅行社各部门在接到此表时，会认真对待游客的评议。凡是针对地陪的表扬或意见，地陪应主动说明原因，反映客观情况，必要时写出书面材料。如果属于针对餐厅、饭店、车队等方面的意见，地陪也应主动说明真实情况，由旅行社有关部门向这些单位转达游客的意见或谢意。如果反映的意见比较严重、意见较大时，地陪应写出书面材料，内容要翔实，尽量引用原话，以便旅行社有关部门和相关单位进行交涉。

旅游接待中，若发生重大事故，要整理成文字材料向接待社和交团社或组团社汇报。

国内旅游游客意见表

尊敬的游客：

欢迎您参加旅行社组织的团队出外旅游，希望此次旅程能给您留下难忘的印象。为不断提高我社旅游服务水平和质量，请您协助我们填写此表（在每栏的其中一项打“√”），留下宝贵的意见。谢谢您！欢迎再次参加我社的旅游活动！

组团社： 全陪导游姓名：
团号： 人数：
游览线路： 天数：
游客代表姓名： 联系电话：
单位： 填写时间： 年 月 日

项 目	满 意	较满意	一 般	不满意	游客意见与建议
咨询服务					
线路设计					
日程安排					
活动内容					
价格质量相符					
安全保障					
全陪导游业务技能					
全陪导游服务态度					
地陪导游服务					
住宿					
餐饮					
交通					
娱乐					
履约程度					
整体服务质量评价					

自我检测

1.地陪的服务规程是什么？
2.欢迎词包含哪些内容？

任务实训

实训一 导游欢迎词

一、实训目标

通过实训，让学生熟悉欢迎词的基本格式，根据不同游客设计相应的欢迎词。

二、实训准备

1.创设情境

导游小李作为地陪，接待从北京来忠县旅游的旅游团。小李到忠县汽车站接旅游团前往忠县海新饭店，上车之后，小李向旅游团致欢迎词。

2.分组

每组 4~6 人。

三、实训方式

小组情景模拟。

四、实训步骤

1.理论知识回顾

欢迎词要求有激情、有特点、有新意、有吸引力，能快速把游客注意力吸引到自己身上来，给游客留下深刻印象。一般应包括以下内容：

(1)问候语：各位来宾、各位朋友，大家好。

(2)欢迎语：代表所在旅行社、本人及司机欢迎游客光临本地。

(3)介绍语：介绍自己的姓名及所属单位，介绍司机。

(4)希望语：表示提供服务的诚挚愿望。

(5)祝愿语：预祝旅游愉快顺利。

2.分组准备

请同学们以小组为单位准备欢迎词。

3.以小组为单位上台表演

4.学生作点评，老师作总结

实训二　首次沿途讲解服务

一、实训目标

通过实训，使学生熟悉并掌握首次沿途讲解服务的内容、方法与技巧。

二、实训准备

1.创设情境

导游小李作为地陪，接待从北京来忠县旅游的旅游团。小李到忠县汽车站接旅游团前往忠县海新酒店，要进行首次沿途讲解。

2.分组

每组 4~6 人。

三、实训方式

小组情景模拟。

四、实训步骤

1.理论知识回顾

(1)沿途风光导游

要求讲解内容简明扼要,语言节奏明快、清晰;景物取舍得当,随机应变,与游客的欣赏同步。

(2)风情介绍

介绍本地的概况、气候条件、人口、行政区划、社会生活、文化传统、土特产品、历史沿革等;市容市貌介绍,发展概况及沿途重要建筑物和街道介绍。

(3)介绍下榻饭店

向游客介绍该团所住饭店的基本情况,包括饭店的名称、位置、距机场(车站、码头)的距离、星级、规模、主要设施和设备及其使用方法、入住手续等。

2.分组准备

请同学们以小组为单位进行准备。

3.以小组为单位上台表演

4.学生作点评,老师作总结

任务二 了解全陪导游服务程序与服务质量要求

任务分析

全陪规范服务流程和地陪规范服务流程的概念相似,它是指全陪自接受了旅行社下达的旅游团(者)接待任务起至送走旅游团(者)整个过程的工作程序。在中华人民共和国国家标准《导游服务质量标准》中,对这个过程的主要工作也作了规定,全陪必须认真执行。

任务目标

(1)使学生理解全陪导游的服务程序与标准;

(2)使学生掌握全陪在各个工作环节的要领和技巧;

(3)使学生学习接待计划安排、旅途讲解、生活服务等,争取达到良好的工作效果,做到标准化服务和个性化服务的和谐统一。

任务实施

《标准》中对全陪导游服务的重要性做了如下概述:“全陪服务是保证旅游团(者)的各项旅游活动按计划实施,旅行顺畅、安全的重要因素之一”,要求“全陪作为组团社的代表,应自始至终参与旅游团(者)全旅程的活动,负责旅游团(者)移动中各环节的衔接,监督接待计划的实施，协调领队、地陪、司机等旅游接待人员的协作关系。全陪应严格按照服务规范提供各项服务”。

一、准备工作

准备工作是做好全陪服务的重要环节之一。

（一）熟悉接待计划

全陪在拿到旅行社下达的旅游团队接待计划书后，必须熟悉该团的相关情况，注意掌握该团重点游客情况和该团的特点。

（1）听取该团外联人员或旅行社领导对接待方面的要求及注意事项的介绍。

（2）熟记旅游团名称、旅游团人数，了解旅游团成员性别构成、年龄结构、宗教信仰、职业、居住地及生活习惯等。

（3）掌握旅游团的等级、餐饮标准，游客在饮食上有无禁忌和特别要求等情况。

（4）有无特殊安排，如有无会见、座谈，有无特殊的文娱节目等。

（5）了解收费情况及付款方式，如团费、风味餐费、各地机场建设费等。

（6）掌握旅游团的行程计划、旅游团抵离旅游线路各站的时间、所乘交通工具的航班（车次、船次），以及交通票据是否订妥或是否需要确认、有无变更等情况。

（二）物质准备

（1）陪团中所需旅行手续，如边防通行证；带齐必要的证件，如身份证、导游资格证。

（2）必要的票据和物品，如旅游团接待计划书、分房表、旅游宣传资料、行李封条、旅行社徽记、全陪日记、名片等。

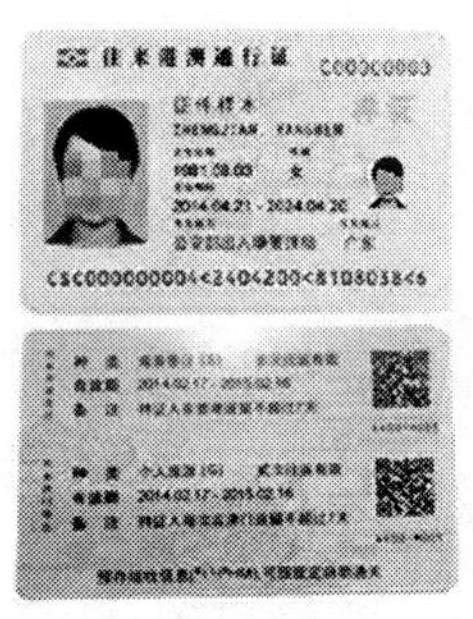

港澳通行证（旧）

港澳通行证（新）

（3）算单据和费用，如拨款结算通知单或支票、现金，足够的旅费等。在这里，要强调全陪须慎重保管好所带的支票及现金。在旅行社，尤其是国内旅行社业务来往中，有时是采用现金支付的方法，全陪所带现金数额往往较大，如不加以妥善保管而发生意外，给自己和旅行社都会带来重大的经济损失。

（4）回程机票。国内团的回程机票若是由组团社出好并由全陪带上，全陪须认真清点并核对团员名字是否正确。

（三）知识准备

（1）根据旅游团的不同类型和实际需要准备相关知识：了解各旅游目的地的政治、经济、历史、文化、民俗风情和旅游点的大致情况，以应对游客的咨询；同时还应了解游客所在地的上述情况，以便能做相互比较，和游客做更多的沟通。

（2）沿途各站的相关知识：全陪对该团所经各站不太熟悉，一定要提前准备各站的基本知识，如主要景观、市容民情、风俗习惯等。

(四)与接待社联系

根据需要,接团前一天与第一站接待社取得联系、互通情况、妥善安排好接待事宜。

二、首站接团服务

首站接团服务要使旅游团抵达后能立即得到热情友好的接待,让游客有宾至如归的感觉。

(一)迎接旅游团

(1)接团前,全陪应向旅行社了解本团接待工作的详细安排情况。

(2)接团当天,全陪应提前30分钟到接站地点迎接旅游团。

(3)接到旅游团后,全陪应与领队尽快核实有关情况,做好以下工作:问候全团游客;向领队做自我介绍(可交换名片)并核对实到人数,如有人数变化,与计划不符,应尽快与组团社联系。

(二)致欢迎词

在首站,全陪应代表组团社和个人向旅游团致欢迎词,内容包括表示欢迎、自我介绍、提供热情服务的真诚愿望、预祝旅行顺利等。

由于全陪在整个旅游过程中较少向游客讲解,因此要重视首站的介绍。致完欢迎词后,全陪要向全团游客简明扼要地介绍行程,住宿、交通等方面的情况适当让游客有所了解;还要向游客说明行程中应该注意的问题和一些具体的要求,以求团队旅途顺利、愉快。这种介绍有利于加快游客对全陪的信任。

三、饭店内服务

旅游团进入所下榻的饭店后,全陪应尽快与地陪一起办好相关入住手续。

(1)分房。和地陪一起到饭店总服务台领取房间钥匙,由领队分配住房;掌握旅游团成员所住房号,并把自己的房号告诉全体团员。

(2)热情引导游客进入房间。

(3)处理入住后的问题。协助有关人员随时处理游客入住过程中可能出现的问题。遇有地陪在饭店无房的情况,全陪应负起全责照顾好全团游客。

(4)掌握与地陪的联系方法。请地陪留下家庭电话和移动电话的号码,以便联络。

四、核对商定日程

全陪应分别与领队和地陪核对、商定日程,以免出差错,造成不必要的误会和经济损失。一般以组团社的接待计划为依据,尽量避免大的改动。小的变动(如不需要增加费用、调换上下午的节目安排等)可主随客便;而对无法满足的要求,要详细解释。如遇难以解决的问题(如领队提一些对计划有较大变动的提议或全陪手中的计划与领队或地陪手中的计划不符等情况)应立即反馈给组团社,让领队得到及时的答复。详细日程商定后，请领队向全团宣布。全陪同领队、地陪商定日程不仅是一种礼貌，而且是十分必要的。

五、各站服务

各站服务工作是全陪工作的主要组成部分。全陪要通过这一项工作使旅游团的计划得以顺利全面地实施，使旅游团有一次愉快、难忘的经历和体验。

（一）联络工作

全陪要做好各站间的联络工作，架起联络沟通的桥梁。

（1）做好领队与地陪、游客与地陪之间的联络、协调工作。

（2）做好旅游线路上各站间，特别是上、下站之间的联络工作。若实际行程和计划有出入，全陪要及时通知下一站。

（3）抵达下一站后，全陪要主动把团队的有关信息，如前几站的活动情况、团员的个性、团长的特点等通报给地陪，以便地陪能采取更有效、更主动的方法。

（二）监督与协助

在旅游过程中，全陪要正确处理好监督与协助这两者的关系。全陪和地陪的目标是一致的，他们都是通过自己的服务使游客获得一次美好的经历，让游客满意，并以此来树立自己旅行社的品牌。从这个方面来说，作为全陪，协助地陪做好服务工作是主要的。但是全陪和地陪毕竟分别代表各自的旅行社，且全陪会更多地考虑游客的利益，因此，监督地陪以及其所在接待社按旅游团协议书提供服务也是全陪必须要做的工作。可以说，协助是首要的，监督是协助上的监督，两者相辅相成。

（1）若活动安排上与上几站有明显重复，应建议地陪作必要的调整。

（2）若对当地的接待工作有意见和建议，要诚恳地向地陪提出，必要时向组团社汇报。

（三）旅行过程中的服务

1.生活服务

生活服务的主要内容包括：

（1）出发、返回、上车、下车时，要协助地陪清点人数，照顾年老体弱的游客上下车。

（2）游览过程中，要留意游客的举动，防止游客走失和意外事件的发生，确保游客人身和财产安全。

（3）按照“合理而可能”的原则，帮助游客解决旅行过程中的一些疑难问题。

（4）融洽气氛，使旅游团有强烈的团队精神。

2.讲解服务和文娱活动

作为全陪，提供讲解服务固然不是最重要的，但适当的讲解仍是必要的。尤其是两站之间，在汽车、火车专列或包车厢时，全陪要提供一定的讲解服务，其讲解内容一定是游客感兴趣的。此外，为防止长途旅行时团队气氛沉闷，全陪还要组织游客开展一些文娱活动，如唱歌、讲故事、讲笑话、玩游戏等。形式上力求丰富多彩，富有吸引力，使游客能踊跃参与。

3.为游客当好购物顾问

食、住、行、游、购、娱是旅游内容的一个重要组成部分。和地陪相比，全陪因自始至终和游客在一起，感情上更融洽一些，也更能赢得游客的信任。因此，在很多方面(诸如购物等)，游客会更多地向全陪咨询，请全陪拿主意。在这种时候，全陪一定要从游客的角度考虑，结合自己所掌握的旅游商品方面的知识，为游客着想，当好购物顾问。

六、离站、途中、抵站服务

(一)离站服务

每离开一地前，全陪都应为本站送站与下站接站的顺利衔接做好以下工作：

(1)提前提醒地陪落实离站的交通票据及核实准确时间。

(2)如离站时间因故变化，全陪要立即通知下一站接待社或请本站接待社通知，以防空接或漏接的发生。

(3)协助领队和地陪妥善办理离站事宜，向游客讲清托运行李的有关规定并提醒游客检查、带好旅游证件。

(4)协助领队和地陪清点托运行李，妥善保存行李票。

(5)按规定与接待社办妥财务结账手续。

(6)如遇航班延误或取消，全陪应协同机场人员和该站地陪安排好游客的食宿和交通事宜。

(二)途中服务

在向异地(下一站)转移途中，无论乘坐何种交通工具，全陪应提醒游客注意人身和物品的安全，安排好旅途中的生活，努力使游客旅行充实、轻松愉快。

(1)全陪必须熟悉各种交通工具的性能及交通部门的有关规定，如两站之间的行程距离、所需时间、途中经过的省份城市等。

(2)由领队分发登机牌、车船票，并安排游客座位。

(3)组织旅游团顺利登机(车、船)，自己殿后。

(4)与交通部门工作人员(如飞机乘务员、列车乘务员等)搞好关系，争取他们的支持，共同做好途中的安全保卫工作、生活服务工作。

(5)做好途中的食、住、娱工作。如乘火车(或轮船)途中需要就餐时，上车(或船)后，全陪应尽快找餐车(或餐厅)负责人联系，按该团餐饮标准为游客订餐。如该团有餐饮方面的特殊要求或禁忌，应提前向负责人说明。

(6)旅游团中若有晕机(车、船)的游客，全陪要给予特别关照；游客突患重病，全陪应立即采取措施，并争取司机、乘务人员的协助。

(7)做好与游客的沟通工作(如通过交谈联络感情等)。

(三)抵站服务

(1)所乘交通工具即将抵达下一站时,全陪应提醒游客整理带齐个人的随身物品,下机(车、船)时注意安全。

(2)下飞机后,凭行李票领取行李,如发现游客行李丢失和损坏,要立即与机场有关部门联系处理并做好游客的安抚工作。

(3)出港(出站),全陪应举社旗走在游客的前面,以便尽快同接该团的地陪取得联系。如出现无地陪迎接的现象,全陪应立即与接待社取得联系,告知具体情况。

(4)向地陪介绍本团领队和旅游团情况,并将该团计划外的有关要求转告地陪。

(5)组织游客乘坐旅游车,提醒其注意安全并负责清点人数。

七、末站服务

末站服务是全陪服务的最后环节,和地陪工作一样,全陪仍要一丝不苟,通过最后的服务加深游客对行程的良好印象。

(1)当旅行结束时,全陪要提醒游客带好自己的物品和证件。

(2)向领队和游客征求团队对此次行程的意见和建议,并填写"团队服务质量反馈表"。

(3)致欢送词,对领队、游客给予的合作和支持表示感谢并期望再次重逢。

八、善后工作

下团后,全陪应认真处理好旅游团的遗留问题。

(1)对团队遗留的重大、重要问题,要先请示旅行社有关领导后再做处理。认真对待游客的委托,并依照规定办理。

(2)对团队的整个行程做总结。若有重大情况发生或有影响到旅行社以后团队操作的隐患问题,应及时向领导汇报。

(3)认真、按时填写"全陪日志"。

(4)及时归还所借钱物,按财务规定办理报销事宜。

全陪带团到祖国的大江南北参观游览,见识颇多,又同各种各样的领队、地陪打交道,每送走一个旅游团,应及时总结带团的经验体会,找出不足,不断提高全陪导游服务的水平,不断完善自我。

自我检测

1.全陪的服务规程是什么?

2.欢送词包含的内容有哪些?

实训一　参观游览沿途导游服务

一、实训目标

通过实训，使学生熟悉并掌握参观游览沿途导游的内容、方法与技巧。

二、实训准备

1.创设情境

导游小王作为全陪，接待从北京来重庆旅游的旅游团。小王今天带旅游团去参观忠县石宝寨，现在坐上了去石宝寨的汽车。

2.分组

每组4~6人。

三、实训方式

小组情景模拟。

四、实训步骤

1.理论知识回顾

(1)重申当日活动安排：午、晚餐的时间和地点，到达游览点所需时间，视情况介绍当日国内外重要新闻。

(2)风光导游：介绍游览地的风土人情、自然景观，回答游客提出的问题。

(3)介绍游览景点：抵达前介绍该景点的简要概况，尤其是景点的历史价值和特点。

(4)活跃气氛。

2.分组准备

请同学们以小组为单位进行准备。

3.以小组为单位上台表演

4.学生作点评，老师作总结

实训二　送站服务

一、实训目标

通过实训，使学生熟悉并掌握送站服务，尤其要做好提醒工作、落实票据、交接行李、致欢送词等。

二、实训准备

1.创设情境

导游小王作为全陪,接待从北京来重庆旅游的旅游团。小王今天送旅游团回北京,现在坐上了去机场的汽车。

2.分组

每组4~6人。

三、实训方式

小组情景模拟。

四、实训步骤

1.理论知识回顾

(1)致欢送词

“富有感情”是第一要素,“表示感谢”是第二要素,“欢迎批评”是第三要素,表达出“愿意再见”的情感,是欢送词的第四要素。

(2)办理离站手续

送旅游团到达机场(车站、码头)后,地陪应与领队、全陪和行李员交接行李,帮助游客办理行李托运手续,握手告别。

出境旅游团出海关后,导游可离开机场;继续在境内旅游的旅游团,导游必须等飞机起飞后返回。

(3)与司机结账

2.分组准备

请同学们以小组为单位进行准备。

3.以小组为单位上台表演

4.学生作点评,老师作总结

任务三　了解散客导游服务程序与服务质量要求

任务分析

散客是相对于预约客户的约定性、规律性而言的,指没有预约、没有规律的零散顾客。这类顾客没有合同的约定,在选择消费或服务方面自主性较高,且对所选择对象好感较强烈,但其消费地位常不受商品或服务提供方重视。

任务目标

(1)使学生了解散客旅游的基本概念和特点;

(2)使学生理解散客旅游与团队旅游的区别;

(3)使学生掌握散客导游服务的程序与服务质量标准。

任务实施

一、散客旅游的概念

散客旅游又称自助或半自助旅游,它是由游客自行安排旅游行程,零星现付各项旅游费用的旅游形式。

散客旅游并不意味着全部旅游事务都由游客自己办理而完全不依靠旅行社。实际上,不少散客的旅游活动均借助了旅行社的帮助,如出游前的旅游咨询;交通票据和饭店客房的代订;委托旅行社派遣人员的途中接送;参加旅行社组织的菜单式旅游等。由于团体旅游的人数多,购买量大,在价格上有一定的优惠;而散客旅游则是零星购买,相对而言数量较少。因此,散客旅游服务项目的价格比团队旅游服务项目的价格相对要贵一些。另外,每个服务项目散客都按零售价格支付,而团队旅游在某些服务项目(如机票、住宿)上可以享受折扣或优惠,因而相对较为便宜。

知识拓展

散客旅游与团队旅游的区别主要有:

1.旅游方式

旅游团队的食、住、行、游、购、娱一般都是由旅行社或旅游服务中介机构提前安排。而散客旅游则不同,其外出旅游的计划和旅游行程都是由自己来安排的。当然,不排除他们与旅行社产生各种各样的联系。

2.人数多少

旅游团队一般是由10人以上的游客组成。而散客旅游以人数少为特点,一般由一个人或几个人组成,可以是单个的游客,也可以是一个家庭,还可以是几个好友。

3.服务内容

旅游团队是有组织按预定的行程、计划进行旅游。而散客旅游的随意性很强,变化多,服务项目不固定,自由度大。

4.付款方式和价格

旅游团队是通过旅行社或旅游服务中介机构,采取支付综合包价的形式,即全部或部分旅游服务费用由游客在出游前一次性支付。而散客旅游的付款方式有时是零星现付,即购买什么,购买多少,按零售价格当场现付。

二、散客导游服务的特点和要求

（一）散客导游服务的特点

虽然散客导游服务在内容和程序上与团队包价旅游有相同之处，但自身的特点亦十分明显。

1.服务项目少

因为散客导游服务的服务项目完全是由散客个人自主选择而定，所以除散客包价旅游之外，其他形式的散客导游服务在服务项目上相对较少，有的只提供单项服务，如接站服务、送站服务。

2.服务周期短

由于散客导游服务的服务项目少，有的比较单一，因此与团队包价旅游相比，所需服务时间较短，人员周转较快，同一导游在同一时期内接待的游客数量也较多。

3.服务相对复杂

由于散客导游服务的服务周期短，周转时间快，导游每天、每时都将面对不同面孔、不同类型、不同性格的游客，与游客的沟通、对游客的适应时间都非常短，因此在进行导游服务时会比团队导游服务相对要复杂一些。

4.游客自由度高

散客自主意识强，兴趣爱好各异，在接受导游服务时，一方面不愿导游过多地干涉其自由，另一方面又经常向导游提出一些要求。散客往往根据各自的喜好，向导游提出一些变动的要求，如提前结束旅游活动或推迟结束游览时间等。

（二）散客导游服务的要求

1.接待服务效率高

散客往往要求导游有较强的时间观念，能够在较短的时间内为其提供快速高效的服务。在接、送散客时，游客不仅要求导游准时抵达接、送现场，而且急于了解行程的距离和所需的时间，希望尽快抵达目的地，并且要求导游能迅速办理好有关手续。

2.导游服务质量高

一般选择散客旅游的游客，旅游经验往往较为丰富，希望导游的讲解能突出文化内涵和地方特色，并能圆满回答他们提出的各种问题，以满足其个性化、多样化的需求。因此，导游在对散客服务时，要有充分的思想准备和知识准备，以便为游客提供高质量的导游服务。

3.独立工作能力强

散客旅游没有领队和全陪，导游服务的各项工作均由导游一人承担，出现问题时，无论是哪方面的原因，导游都需要独自处理。所以，散客导游服务要求导游的独立工作能力强，能够独自处理导游活动中发生的一切问题。

4.语言运用能力强

由于散客的情况比较复杂，他们中有不同国家或地区的、不同文化层次的、不同信仰的，导游在带领选择性旅游团进行讲解时，语言运用上需综合考虑各种情况，使所有的游客均能从中受益，切忌偏重某一方。

三、散客导游服务规程

散客旅游与团队旅游，在接待工作和接待程序上有许多相似的地方，但也有不同之处。地陪不能全盘照搬团队旅游的导游服务程序，而应掌握散客服务特点。

散客部导游随时都在办理接待散客的业务，按散客的具体要求提供办理单项委托服务的事宜。一般情况下，柜台工作人员先用电话通知散客部计调人员，请其按要求配备地陪和车辆，并填写“旅游委托书”。地陪按委托书（即接待计划）的内容进行准备。

（一）接站服务

1.服务准备

导游接受迎接散客的任务后，应认真做好迎接散客的准备工作，它是接待好散客的前提。

（1）认真阅读接待计划

导游应明确迎接的日期，航班（车次、船次）的抵达时间；散客的姓名及人数和下榻的饭店；有无航班（车次、船次）及人数的变更；提供哪些服务项目；是否与其他散客合乘一辆车至下榻的饭店等。

（2）做好出发前的准备

导游要准备好所迎散客的姓名或小包价旅游团的欢迎标志、地图，随身携带导游证、胸卡、导游旗或接站牌；检查所需票证，如离港机（车、船）票、餐单、游览券等。

（3）联系交通工具

导游要与计调部或散客部确认司机姓名并与司机联系，约定出发时间、地点，了解车型、车号。

2.接站服务

接站时要使散客或小包价旅游团受到热情友好的接待，有宾至如归之感。

（1）提前到港等候

导游要提前抵达接站地点。若接的是乘飞机来的散客，导游应提前30分钟到达机场，在国际或国内进港隔离区门外等候；若散客乘火车或轮船，导游也应提前30分钟抵达接站地点。

（2）迎接游客

接散客比接团队游客要困难，因为人数少，稍有疏忽，就会出现漏接。比如，游客自行到饭店或被别人接走。因此，在航班（车次、船次）抵达时，导游和司机应站在不同的出口迎接游客。如果没有接到应接的游客，导游应该：

①询问机场（车站、码头）工作人员，确认本次航班（车次、船次）的乘客确已全部下车或在隔离区内确已没有出港旅客。

②导游（如有可能与司机一起）在尽可能的范围内寻找（至少20~30分钟）。

③与散客下榻饭店联系,查询是否已自行到饭店。

④若确实找不到应接的散客,导游应电话与计调人员联系并告知情况,进一步核实其抵达的日期和航班(车次、船次)及是否有变更的情况。

⑤当确定迎接无望时,须经计调部或散客部同意方可离开机场(车站、码头)。

⑥对未在机场(车站、码头)接到游客的导游来说,回到市区后,应前往游客下榻的饭店前台,确认游客是否已入住饭店。如果游客已入住饭店,必须主动与其联系,并表示歉意。

3.沿途导游服务

在从机场(车站、码头)至下榻的饭店途中,导游对散客应像对团队一样进行沿途导游,介绍所在城市的概况、下榻饭店的地理位置和设施,以及沿途景物和有关注意事项等。对个体散客,沿途导游服务可采取对话的形式进行。

4.入住饭店服务

应使游客进入饭店后尽快完成住宿登记手续,导游应热情介绍饭店的服务项目及入住的有关注意事项,与游客确认日程安排与离店的有关事宜。

(1)帮助办理入住手续

散客抵达饭店后,导游应帮助散客办理饭店入住手续。按接待计划向散客明确说明饭店将为其提供的服务项目,并告知散客离店时要现付的费用和项目。记下散客的房间号码,散客行李抵达饭店后,导游负责核对行李,并督促行李员将行李运送到散客的房间。

(2)确认日程安排

导游在帮助散客办理入住手续后,要与散客确认日程安排。当散客确认后,将填好的安排表、游览券及赴下站的飞机(火车、轮船)票交与散客,并让其签字确认。如散客参加大车游览项目,应将游览券、游览徽章交给散客,并详细说明各种票据的使用方法,集合时间、地点,以及大车的导游召集散客的方式,在何处等车、上车等相关事宜;对于有送机(车、船)服务项目的散客要与其商定好离站时间和送站安排。

(3)确认机票

若散客将乘飞机去下一站,又不需要旅行社为其提供机票时,导游应叮嘱散客要提前预订和确认机座;如散客需要协助确认机座时,导游可告知其确认机票的电话号码;如散客愿意将机票交与导游帮助确认,而接待计划上又未注明需协助确认机票,导游可向散客收取确认费,并开具证明。

导游帮助确认机票后,应向散客部或计调部报告确认后的航班号和离港时间,以便及时派人、派车提供送机服务,并将收取的确认机票服务费交给旅行社。

(4)推销旅游服务项目

导游在迎接散客的过程中,应相机询问散客在本地停留期间还需要旅行社为其代办何种事项,并表示愿竭诚为其提供服务。

5.后续工作

迎接散客完毕后,导游应及时将与接待计划有出入的信息及散客的特殊要求反馈给散客部或计调部。

(二)导游服务

参加散客旅游的游客通常文化层次较高,有较丰富的旅游经验,他们对服务的要求高,更重视旅游产品的文化内涵。接待散客对导游的素质要求也比较高,应有高度的责任感,多倾听散客的意见,做好组织协调工作。

在游览过程中,散客旅游因无领队、全陪,相互之间互无约束,集合很困难,导游更应尽心尽力,多做提醒工作,多提合理建议,努力使散客参观游览安全、顺利。

1.出发前的准备

出发前,导游应做好有关的准备工作,如携带游览券、导游小旗、宣传材料、游览图册、导游证、胸卡、名片等,并与司机联系集合的时间、地点,督促司机做好有关的准备工作。

导游应提前15分钟抵达集合地点,引导散客上车。如是散客小包价旅游团,散客分住不同的饭店,导游应偕同司机驱车按时到各饭店接散客。散客到齐后,再驱车前往游览地点。根据接待计划的安排,导游必须按照规定的路线和景点率团进行游览。

2.沿途导游服务

散客的沿途导游服务与旅游团队大同小异。如果导游接待的是临时组合起来的小包价旅游团,初次与散客见面时,应代表旅行社、司机向散客致以热烈的欢迎,表示愿竭诚为大家服务,希望大家予以合作,多提宝贵意见和建议,并祝大家游览愉快、顺利!

导游除做好沿途导游之外,应特别向散客强调在游览景点时注意安全。

3.现场导游讲解

抵达游览景点后,导游应对景点的历史背景、特色等进行讲解,语言要生动,有声有色,引导游客参观。如果是单个游客,导游可采用对话或问答形式进行讲解,这样会更加亲切自然。有些零星散客有考察社会的兴趣,善于提出问题、讨论问题,导游要有所准备,多向游客介绍我国各方面的情况,从中了解游客的观点和意见。

如果是散客或小包价旅游团,导游应陪同旅游团,边游览边讲解,随时回答游客的提问,并注意观察游客的动向和周围的情况,以防游客走失或发生意外事故。

游览结束后,导游要负责将游客分别送回各自下榻的饭店。

4.其他服务

由于散客自由活动时间较多,导游应当好他们的参谋和顾问。可介绍或协助安排晚间娱乐活动,把可观赏的文艺演出、体育比赛、宾馆饭店的活动告诉游客,请其自由选择,但应引导他们去健康的娱乐场所。

5.后续工作

散客多采用付现款的方式参加游览,因此,如果任务书或委托书中注明需收现金,则在收款后立即将现金上交旅行社财务部。接待任务完成后,导游应及时将接待中的有关情况反馈给散客部或计调部,或填写“零散游客登记表”。

（三）送站服务

游客在结束本地参观游览活动后，导游应使散客顺利、安全地离站。

1.服务准备

（1）详细阅读送站计划

导游接受送站计划后，应详细阅读，明确所送散客的姓名或散客小包价旅游团人数、离开本地的日期、所乘航班（车次、船次）以及下榻的饭店；有无航班（车次、船次）与人数的变更；是否与其他散客或散客小包价旅游团合乘一辆车去机场（车站、码头）。

（2）做好送站准备

导游必须在送站前 24 小时与散客或散客小包价旅游团确认送站时间和地点。若散客不在房间，应留言并告知再次联络的时间，然后再联系、确认。要备好散客的机（车、船）票，同散客部或计调部确认与司机会合的时间、地点及车型、车号。如散客乘国内航班离站，导游应掌握好时间，使散客提前 90 分钟到达机场；如散客乘国际航班离站，必须使散客提前 2 小时到达机场；如散客乘火车离站，应使散客提前 1 小时到达车站。

2.至饭店接送散客

按照与散客约定的时间，导游必须提前 20 分钟到达散客下榻的饭店，协助散客办理离店手续，交还房间钥匙，付清账款，清点行李，提醒散客带齐随身物品，然后照顾客人上车离店。

若导游到达散客下榻的饭店后，未找到要送站的游客，应到饭店前台了解游客是否已离店，并与司机共同寻找。若超过约定时间 20 分钟仍未找到，应向散客部或计调部报告，请计调人员协助查询，并随时保持联系。当确认实在无法找到游客，经计调人员或有关负责人同意后，方可停止寻找，离开饭店。

若导游要送站的游客与住在其他饭店的游客合乘一辆车去机场（车站、码头），要严格按照约定的时间顺序抵达各饭店。

若合车运送游客途中遇到严重交通堵塞或其他极特殊情况，需调整原约定的时间顺序和行车路线，导游应及时打电话向散客部或计调部报告，请计调人员将时间上的变化通知待接饭店的游客，或请其采取其他措施。

3.送站工作

在送散客到机场（车站、码头）途中，导游应向游客征询在本地停留期间或游览过程中的感受、意见和建议，并代表旅行社向游客表示感谢。

散客到达机场（车站、码头）后，导游应提醒和帮助游客带好行李和物品，协助游客交纳机场税。一般情况下，机场税由散客自付；若送站计划上注明代为散客交纳机场税时，导游应照计划办理，回去后再凭票报销。

导游在同游客告别前，应向机场人员确认航班是否准时起飞，若航班推迟起飞，应主动为游客提供力所能及的服务和帮助。

若确认航班准时起飞，导游应将游客送至隔离区入口处，同其告别，热情欢迎他们下次再来。若有游客再次返回本地，要同游客约好返回等候地点。游客若乘国内航班离站，导游要待飞机起飞后方可离开机场。

若送游客去火车站时，导游要安排好游客从规定的候车室上车入座，协助游客安顿好行李后，将车票交给游客，然后同他们道别，欢迎其再来。

4.结束工作

导游经常会因散客临时增加旅游项目等向其收取各种费用，在完成接待任务后，应及时结清所有账目，并将有关情况反馈给散客部或计调部。

自我检测

1.散客的概念是什么？

2.散客旅游与团队旅游有什么区别？

任务实训

一、实训目标

通过实训，使学生掌握散客旅游的特点。

二、实训准备

1.创设情境

地陪小王在陪同一对老年夫妇游览民族村时工作认真负责，在2小时内向游客详细讲解了傣族村、佤族村、拉祜寨和基诺寨等，当老人提出一些有关纳西族的问题时，小王说："时间很紧，现在先游览，回饭店后我一定详细回答你的问题。"老人建议她休息，她谢绝了。老太太不想去白族村参观，她却动员老人说："白族创造了悠久灿烂的南诏文化，大理是举世闻名的文化之邦，而且白族的节日和民居都非常有特点，你们来一次云南，不参观白族村太可惜了。"最后，他们还是一起去了白族村。送老人回饭店后，虽然很累，但小王很高兴，认为自己出色地完成了导游讲解任务。出乎她意料的是，那对老年夫妇不仅没有表扬她，反而写信给旅行社领导批评了她。她很委屈，但领导了解情况后却说小王不了解老年人，好心办了坏事，所以老年游客批评得对。根据上述介绍，请回答下列问题：领导说老年游客批评得对，并说小王不了解老年人，好心办了坏事。你认为小王"好心办了坏事"吗？

2.分组

每组4~6人。

三、实训方式

分组讨论。

四、实训步骤

1.理论知识回顾

散客导游服务的特点:①服务项目少;②服务周期短;③服务相对复杂;④游客自由度高。

2.分组讨论案例

请同学们以小组为单位,分析案例。

3.归纳出正确答案

4.以小组为单位上台演示讨论结果

项目小结

通过本项目的学习,要求同学们了解导游服务的程序与服务质量要求,请进行如下评价。

表 2.1　评价表

评价内容	标准及要求	互评或师评
地方导游服务程序与服务质量	能掌握地陪带团的内容、方法与技巧	□完全做到　□基本做到 □没做到
全陪导游服务程序与服务质量	能掌握全陪带团的内容、方法与技巧	□完全做到　□基本做到 □没做到
散客旅游服务程序与服务质量	能掌握散客带团的内容、方法与技巧	□完全做到　□基本做到 □没做到

项目三　游客个别要求的处理

项目概述

游客的个别要求是指参加团体旅游的游客提出的各种计划外的特殊要求。面对游客的种种特殊要求，导游应该怎样处理？怎样才能使要求得到基本满足的游客高高兴兴，又使个别要求没有得到满足的游客也满意导游的服务，甚至使爱挑剔的游客对导游提不出更多的指责？这是对导游处理问题能力的一个考验，也是保证并提高旅游服务质量的重要条件之一。

任务一　了解处理游客个别要求的一般原则

任务分析

面对个别游客的苛刻要求和过分挑剔，导游一定要认真倾听，冷静、仔细地分析，绝不能置之不理，更不能断然拒绝。不应在没有听完对方讲话的情况下就胡乱解释，或表示反感、恶语相加，意气用事。

任务目标

(1)使学生了解导游如何处理游客个别要求；

(2)使学生掌握导游处理游客个别问题的一般原则；

(3)使学生提高分析问题和解决问题的能力。

任务实施

对游客提出的不合理或不可能实现的要求和意见，导游要耐心解释，实事求是；处理问题要合情合理，尽量使游客心悦诚服；导游千万不能一口回绝，不能轻易地说出“不行”两字。当然，旅游团队中也难免有个别无理取闹者，导游应沉着冷静、不卑不亢，既不伤主人之雅又不损客人之尊，理明则让。导游经过努力仍有解决不了的困难时，应向接待社领导汇报，请其帮助。总之，对游客提出的要求，不管其难易程度、合理与否，导游都应给予足够的重视并正确及时、合情合理地予以处理，力争使大家愉快地旅行游览。

一般来看，游客的个别要求可以分为四种情况：

(1)合理的，经过导游的努力可以满足的要求；

(2)合理的，但现实难以满足的要求；

(3)不合理的,经过努力可以满足的要求;

(4)不合理的,无法满足的要求。

根据国际惯例和导游服务的经验,导游在处理游客的个别要求时,一般应遵循以下五个基本原则。

一、符合法律原则

《导游人员管理条例》和《旅行社管理条例》中规定了游客、导游、旅行社三者的权利和义务,导游在处理游客个别要求时,要符合法律对这三者的权利和义务规定。同时,还要考虑游客的个别要求是否符合我国法律的其他规定,如果相违,应断然拒绝。

二、合理可行原则

合理的基本判断标准是不影响大多数游客的权益、不损害国家利益、不损害旅行社和导游的合法权益。可行是指具备满足游客合理要求的条件。

导游在服务过程中,应努力满足游客合理而可行的需要,使他们能够获得一种愉快的旅游经历,从而对旅游目的地的形象、旅行社的声誉带来正面影响。特别是一些特种旅游团,如残疾人旅游团、新婚夫妇旅游团。

三、公平对待原则

公平对待原则是指导游对所有客人应一视同仁、平等对待。游客不管来自哪个国家,属于哪个民族,拥有哪种宗教信仰和肤色,不管其社会经济地位高低、年龄与性别,也不管身体是否残疾,都是我们的客人,都是导游服务的对象。导游要尊重他们的人格,一视同仁,热情周到地为他们提供导游服务,维护他们的合法权益,满足他们的合理可行要求,切忌厚此薄彼、亲疏偏颇。

四、尊重游客原则

游客提出的大多数要求都是合情合理的,但总会有客人提出一些苛刻的要求使导游为难,旅游团中也不可避免会出现无理取闹之人。对待这种情况,导游一定要记住自己的职责,遵循尊重游客的原则,对客人要礼让三分。客人可以挑剔甚至吵架、漫骂,但导游要保持冷静,始终有礼、有理、有节,不卑不亢。

在游客提出个人要求时,导游一要认真倾听,不要没有听完就指责游客的要求不合理或胡乱解释;二要微笑对待,切忌面带不悦、恶言相向;三要实事求是、耐心解释,不要以“办不到”一口拒绝。须强调的是,一定不要和游客发生正面冲突,以免影响整个旅游活动。

五、维护尊严原则

导游在对待游客的个别要求时,要坚决维护祖国的尊严和导游的人格尊严。对游客有损国家利益和民族尊严的要求,要断然拒绝、严正驳斥;对游客提出的违反导游职业道德的不合理要求,有权拒绝。

自我检测

处理游客的个别要求的原则有哪些?

任务实训

一、实训目标

通过实训,使学生了解导游处理游客个别要求的原则。

二、实训准备

1.创设情境

全陪小曾和一个来自德国的旅游团坐豪华游船游览长江三峡,一路上相处十分愉快。游船上每餐的中国菜肴十分丰盛,且每道菜没有重复。一日晚餐过后,一位游客对小曾说:“你们的中国菜很好吃,我每次都吃得很多,不过今天我的肚子有点想家了,你要是吃多了我们的面包和黄油,是不是也想中国的大米饭?”旁边的游客也笑了起来。虽说是一句半开玩笑的话,却让小曾深思了一个晚上。

请分析:如果你是小曾,应该如何做?

2.分组

每组4~6人。

三、实训方式

分组讨论。

四、实训步骤

1.理论知识回顾

处理个别要求的原则:①符合法律原则;②合理可行原则;③公平对待原则;④尊重游客原则。

2.分组讨论案例

请同学们以小组为单位,分析案例。

3.归纳出正确答案

4.以小组为单位上台演示讨论结果

任务二　了解餐饮、住宿、购物、娱乐要求的处理原则和方法

任务分析

食、住、购、娱是旅游活动的主要组成部分,也是游程顺利进行的基本保证。导游应高度重视游客的此类个别要求,认真、热情、耐心地设法予以解决。

任务目标

(1)使学生了解游客餐饮、住宿、购物、娱乐方面个别要求的分类及处理原则;

(2)使学生掌握游客餐饮、住宿、购物、娱乐方面个别要求的处理方法;

(3)使学生利用所学知识解决旅游接待中的实际问题。

任务实施

一、餐饮方面个别要求的处理

"民以食为天",跨国界、跨地区的游客对餐饮的要求各不相同,因餐饮问题引起的游客投诉屡见不鲜。下面就常见的六种情况讲述导游面对此类要求的处理方法。

(一)对特殊饮食要求的处理

由于宗教信仰、生活习惯、身体状况等原因,有些游客会提出饮食方面的特殊要求,例如,不吃荤,不吃油腻、辛辣食品,不吃猪肉或其他肉食,甚至不吃盐、糖、味精等。对游客提出的特殊要求,要区别对待。

1.事先有约定

若所提要求在旅游协议书有明文规定的,接待方旅行社须早作安排,地陪在接团前应检查落实情况,不折不扣地兑现。

2.抵达后提出

若旅游团抵达后或到定点餐厅后临时提出要求,则需视情况而定。一般情况下,地陪应立即与餐厅联系,在可能的情况下尽量满足其要求。如情况复杂,确实有困难满足不了其特殊要求,地陪则应说明情况,协助游客自行解决,如建议游客到零点餐厅临时点菜或带他去附近餐馆(最好是旅游定点餐馆)用餐,餐费自理。

(二)要求换餐

部分外国游客不习惯中餐的口味,在几顿中餐后要求改换成西餐;有的外地游客想尝尝当地小吃,要求换成风味餐。诸如此类要求,处理时考虑如下几方面:

(1)首先要看是否有充足的时间换餐。如果旅游团在用餐前 3 小时提出换餐要求,

地陪应尽量与餐厅联系，但需事先向游客讲清楚，如能换妥差价由游客自付。

(2)询问餐厅能否提供相应服务。若计划中的供餐单位不具备供应西餐或风味餐的能力，应考虑换餐厅。

(3)如果是在接近用餐时间或到餐厅后提出换餐要求，应视情况而定：若该餐厅有该项服务，地陪应协助解决；如果情况复杂，餐厅又没有此项服务，一般不应接受此类要求，但应向游客做好解释工作。

(4)若游客仍坚持换餐，地陪可建议其到零点餐厅自己点菜或单独用餐，费用自理并告知原餐费不退。

(三)要求单独用餐

由于旅游团的内部矛盾或其他原因，个别游客要求单独用餐。此时，导游要耐心解释，并告诉领队请其调解；如游客坚持，导游可协助与餐厅联系，但餐费自理，并告知综合服务费不退。

由于游客外出自由活动、访友、疲劳等原因不随团用餐，导游应同意其要求，但要说明餐费不退。

(四)要求在客房内用餐

若游客生病，导游或饭店服务员应主动将饭菜端进房间以示关怀。若是健康的游客希望在客房用餐，应视情况办理；如果餐厅能提供此项服务，可满足游客的要求，但须告知服务费标准。

(五)要求自费品尝风味

旅游团要求外出自费品尝风味，导游应予以协助，可由旅行社出面，也可由游客自行与有关餐厅联系订餐；风味餐订妥后旅游团又想不去，导游应劝他们在约定时间前往餐厅，并说明若不去用餐须赔偿餐厅的损失。

(六)要求推迟就餐时间

因游客的生活习惯不同，或在某旅游地游兴未尽等原因要求推迟用餐时间的，导游可与餐厅联系，视餐厅的具体情况处理。一般情况下，导游要向旅游团说明餐厅有固定的用餐时间，劝其入乡随俗，过时用餐需另付服务费。若餐厅不提供过时服务，最好按时就餐。

二、住房方面个别要求的处理

旅游过程中，饭店是游客临时的家。对于在住房方面的要求，导游一定要尽力协助解决。

(一)要求调换饭店

团体游客到一地旅游时，享受几星级的住宿标准在旅游协议书中有明确规定，甚至在什么城市下榻于哪家饭店都写得清清楚楚。所以，接待旅行社向旅游团提供的客房低于标准，即使用同星级的饭店替代协议中标明的饭店，游客都会提出异议。

如果接待社未按协议安排饭店或协议中的饭店确实存在卫生、安全等问题而致使游客提出换饭店，地陪应随时与接待社联系，接待社应负责予以调换。如确有困难，按照接待社提出的具体办法妥善解决，并向游客摆出有说服力的理由，提出补偿条件。

（二）要求调换房间

根据客人提出的调换房间的不同缘由，有不同的处理方法：

（1）房间不干净，如有蟑螂、臭虫、老鼠等，游客提出换房应立即满足，必要时应调换饭店。

（2）客房设施尤其是房间卫生达不到清洁标准，应立即打扫、消毒，如游客仍不满意，坚持调房，应与饭店有关部门联系予以满足。

（3）游客对房间的朝向、层数不满意，要求调换另一朝向或另一楼层的同一标准客房时，若不涉及房间价格并且饭店有空房，可与饭店客房部联系，适当予以满足，或请领队在团队内部进行调整。无法满足时，应耐心解释，并向游客致歉。

（4）若游客要住高于合同规定标准的房间，如有，可予以满足，但游客要交付原定饭店退房损失费和房费差价。

（三）要求住单间

团队旅游一般安排住标准间或三人间。由于游客的生活习惯不同或因同室游客之间闹矛盾，有的游客会要求住单间。导游应先请领队调解或内部调整，若调解不成，饭店如有空房，可满足其要求。但导游必须事先说明，房费由游客自理（一般由提出方付房费）。

（四）要求延长住店时间

由于某种原因（生病、访友、改变旅游日程等）而中途退团的游客提出延长在本地的住店时间，可先与饭店联系，若饭店有空房，可满足其要求，但延长期内的房费由游客自付。如原住饭店没有空房，导游可协助联系其他饭店，房费由游客自理。

（五）要求购买房中物品

如果游客看中客房内的某种摆设或物品，要求购买，导游应积极协助，与饭店有关部门联系，满足游客的要求。

三、娱乐活动方面个别要求的处理

（一）要求调换计划内的文娱节目

凡在计划内注明有文娱节目的旅游团，一般情况下，地陪应按计划准时带游客到指定娱乐场所观看文艺演出。若游客提出调换节目，地陪应针对不同情况，本着“合理而可行”的原则，作出如下处理：

（1）如全团游客提出更换，地陪应与接待社计调部门联系，尽可能调换，但不要在未联系妥当之前许诺；如接待社无法调换，地陪要向游客耐心做解释工作，并说明票已订好，不能退换，请其谅解。

（2）部分游客要求观看别的演出，处理方法同上。若决定分路观看文娱演出，在交通方面导游可作如下处理：如两个演出点在同一线路，导游要与司机商量，尽量为少数游客提供方便，送他们到目的地；若不同路，则应为他们安排车辆，但车费自理。

（二）要求自费观看文娱节目

在时间允许的情况下，导游应积极协助。以下两种方法地陪可酌情选择：

（1）与接待社有关部门联系，请其报价。将接待社的对外报价（其中包括节目票费、车费、服务费）报给游客，并逐一解释清楚。若游客认可，请接待社预定，地陪同时要陪同前往，将游客交付的费用上交接待社并将收据交给游客。

（2）协助解决，提醒客人注意安全。地陪可帮助游客联系购买节目票，请游客自乘出租车前往，一切费用由游客自理。但应提醒游客注意安全、记住饭店地址。必要时，地陪可将自己的电话告诉游客以便联系。

如果游客执意要去大型娱乐场所或情况复杂的场所，导游须提醒游客注意安全，必要时陪同前往。

（三）要求前往不健康的娱乐场所

游客要求去不健康的娱乐场所和过不正常的夜生活，导游应断然拒绝并介绍中国的传统观念和道德风貌，严肃指出不健康的娱乐活动和不正常的夜生活在中国是禁止的，是违法行为。

四、购物方面个别要求的处理

购物是旅游活动的重要组成部分，游客往往会有各种各样的特殊要求，导游要不怕麻烦、不图私利，设法予以满足。

（一）要求单独外出购物

（1）在自由活动时间尽力帮助，当好购物参谋，如建议去哪家商场、联系出租车、写中文便条等。

（2）在离开本地当天要劝阻，以防误机（车、船）。

（二）要求退换商品

游客购物后发现是残次品、计价有误或对物品不满意，要求导游帮其退换，导游应积极协助，必要时陪同前往。

（三）要求再次前往某商店购物

游客欲购买某一商品，出于“货比三家”的考虑或对于商品价格、款式、颜色等犹豫不决，当时没有购买，后来经过考虑又决定购买，要求地陪帮助。对于这种情况，地陪应热情帮助：如有时间可陪同前往，车费由游客自理；若因故不能陪同前往，可为游客写张中外文便条，写清商店地址及欲购商品的名称，请其乘出租车前往。

（四）要求购买古玩或仿古艺术品

游客希望购买古玩或仿古艺术品，导游应带其到文物商店购买，买妥物品后要提醒他保存发票，不要将物品上的火漆印（如有的话）去掉，以便海关查验；游客要在地摊上选购古玩，导游应劝阻，并告知中国的有关规定；若发现个别游客有走私文物的可疑行为，导游须及时报告有关部门。

（五）要求购买中药材

有些游客想购买中药材并携带出境，导游应告知其中国海关的有关规定（数量、品种、限量等）。

（六）要求代办托运

外汇商店一般都经营托运业务，导游应告诉购买大件物品的游客。若商店无托运业务，导游要协助游客办理托运手续。

游客欲购买某一商品，但当时无货，请导游代为购买并托运，对游客的这类要求，导游一般应婉拒。实在推托不掉时，导游要请示领导，一旦接受了游客的委托，导游应在领导指示下认真办理委托事宜：收取足够的钱款（余额在事后由旅行社退还委托者），发票、托运单及托运费收据寄给委托人，旅行社保存复印件，以备查验。

自我检测

1.游客想在房间用餐，作为导游你该怎么处理？

2.游客不想吃团餐，作为导游你该怎么处理？

任务实训

一、实训目标

通过实训，使学生了解购物方面个别要求的处理方法。

二、实训准备

1.创设情境

美国某旅游团一行18人参观湖北某地毯厂后乘车返回饭店。途中，旅游团成员史密斯先生对地陪小王说："我刚才看中一条地毯，但没拿定主意。跟太太商量后，现在决定购买。你能让司机送我们回去吗？"小王欣然应允，并立即让司机驱车返回地毯厂。在地毯厂，史密斯先生以1 000美元买下地毯，但当店方进行包装时，史密斯夫人发现地毯有瑕疵，于是决定不买。两天后，该团离开湖北之前，史密斯夫妇委托小王代为订购同样款式的地毯一条，并留下1 500美元作为购买和托运费用。小王本着"宾客至上"的原则，当即允诺下来，史密斯夫人十分感激。送走旅游团后，小王即与地毯厂联系办理了购买和托运地毯的事宜，并将发票、托运单、350美元托运手续费收据寄给史密斯夫妇。试分析小王处理此事过程中的不妥之处。

2.分组

每组4~6人。

三、实训方式

分组讨论。

四、实训步骤

1.理论知识回顾

处理游客购物的个别要求,如要求单独外出购物、要求退换商品、要求再次前往某商店购物、要求购买古玩或仿古艺术品、要求购买中药材、要求代办托运等情况时的处理方法。

2.分组讨论案例

请同学们以小组为单位,分析案例。

3.归纳出正确答案

4.以小组为单位上台演示讨论结果

任务三　了解要求自由活动和转递物品的处理原则和方法

任务分析

旅游线路安排中往往有自由活动时间,在集体活动时间内也有游客提出单独活动的要求,导游应根据不同情况,妥善处理。

任务目标

(1)使学生了解游客自由活动要求的处理原则;

(2)使学生掌握游客自由活动要求的处理方法;

(3)使学生利用所学知识解决旅游接待中的实际问题。

任务实施

一、应劝阻游客自由活动的几种情况

(1)如旅游团计划去另一地游览,或旅游团即将离开本地时,导游要劝其随团活动,以免误机(车、船)。

(2)如治安不理想、复杂、混乱的地方,导游要劝阻游客外出活动,更不要单独活动,必须实事求是地说明情况。

(3)不宜让游客单独骑自行车去人生地不熟、车水马龙的街头游玩。

(4)游河(湖)时,游客提出希望划小船或在非游泳区游泳的要求,导游不能答应,不能置旅游团于不顾而陪少数人去划船、游泳。

(5)游客要求去不对外开放的地区、机构参观游览,导游不得答应此类要求。

二、允许游客自由活动时导游应做的工作

1.要求全天或某一景点不随团活动

由于有些游客已来过多次或已游览过某一景点，因而不想随团活动，要求不游览某一景点或一天、数天离团自由活动。如果其要求不影响整个旅游团的活动，可以满足并提供必要帮助。

(1)提前说明如果不随团活动，无论时间长短，所有费用不退，需增加的各项费用自理。

(2)告诉游客用餐的时间和地点，以便其归队时用餐。

(3)提醒其注意安全，保护好自己的财物。

(4)提醒游客带上饭店卡片(卡片上应有饭店中英文名称、地址、电话)备用。

(5)用中英文写一张便条，注明客人要去的地点名称、地址及简短对话，以备不时之需。

(6)必要时将自己的手机号码告诉游客。

2.到游览点后要求自由活动

到某一游览点后，若有个别游客希望不按规定的线路游览而希望自由游览或摄影，若环境许可(游人不太多，秩序不乱)，可满足其要求。导游要提醒其集合的时间和地点及旅游车的车号，必要时留一张便条，写明集合时间、地点和车号以及饭店名称和电话号码，以备不时之需。

3.自由活动时间或晚间要求单独行动

导游应建议不要走得太远，不要携带贵重物品(可寄存在前台)，不要去秩序乱的场所，不要太晚回饭店等。

三、游客要求为其转递物品的处理

游客因为种种原因可能会要求旅行社或导游帮其转递物品。一般情况下，导游应建议游客将物品或信件亲手交付或邮寄给收件部门或收件人，若确有困难，可予以协助。转递物品和信件，尤其是转递重要物品和信件，或向外国驻华使领馆转递物品和信件，手续要完备。

(1)必须问清何物。若是应税物品，应促其纳税；若转递物品是食品应婉言拒绝，请其自行处理。

(2)请游客写委托书，注明物品名称、数量，当面点清、签字并留下详细通信地址及电话。

(3)将物品或信件交给收件人后，请收件人写收条并签字盖章。

(4)将委托书和收条一并交旅行社保管，以备后用。

(5)若是转递给外国驻华使领馆及其人员的物品或信件，原则上不能接收。在推托不了的情况下，导游应详细了解情况并向旅行社领导请示，经请示同意后将物品和信件交旅行社有关部门，由其转递。

自我检测

如果你是一名导游，晚上回到饭店休息，有一名游客提出自己想一个人去逛夜市，你会怎么办？

任务实训

一、实训目标

通过实训，使学生了解转递物品的处理方法。

二、实训准备

1.创设情境

某旅游团离境前，一老年游客找到全陪小李，要求他将一个密封的盒子转交一位朋友，并说："盒里是些贵重东西。本来想亲手交给他的，但他来不了饭店，我也去不了他家。现在只得请你将此盒转交给我的朋友了。"小李为了使游客高兴，接受了他的委托，并亲自将盒子交给了游客的朋友。可是，半年后，老年游客写信给旅行社，询问为什么小李没有将盒子交给他的朋友。旅行社调查此事，小李说已经把盒子交给了老人的朋友了，并详细地讲述了整个过程。旅行社领导严肃地批评了小李。试分析小李处理此事的不妥之处。

2.分组

每组4~6人。

三、实训方式

分组讨论。

四、实训步骤

1.理论知识回顾

导游帮助游客转递物品的处理方法。

2.分组讨论案例

请同学们以小组为单位，分析案例。

3.归纳出正确答案

4.以小组为单位上台演示讨论结果

任务四　了解游客其他个别要求的处理原则和方法

任务分析

游客到达某地后，或希望探望在当地的亲戚、朋友，或希望亲友随团，还有的要求中途退团或延长旅游期限，遇到这些情况，导游应设法予以满足，并根据情况进行处理。

任务目标

(1)使学生了解游客探视亲友、亲友随团活动、中途退团、延长旅游期限的个别要求的处理原则；

(2)使学生掌握游客探视亲友、亲友随团活动、中途退团、延长旅游期限的处理方法；

(3)使学生利用所学知识解决旅游接待中的实际问题。

任务实施

一、要求探视亲友活动的处理

游客到达某地后，希望探望在当地的亲戚或朋友，这可能是其旅游目的之一。导游应设法予以满足，并根据以下情况进行处理：

(1)如果游客知道亲友的姓名、地址，导游应协助联系，并向游客讲明具体的乘车路线。

(2)如果游客只知道亲友姓名或某些线索，地址不详，导游可通过旅行社请公安户籍部门帮助寻找，找到后及时告诉游客并帮其联系；若旅游期间没找到，可请游客留下联系电话和通信地址，待找到其亲友后再通知他。

(3)如果海外游客要会见中国同行洽谈业务、联系工作或进行其他活动，导游应向旅行社汇报，在领导指示下给予积极协助。

(4)如果导游发现个别中国人与游客之间以亲友身份作掩护进行不正常往来，或游客会见人员中有异常现象，应及时汇报。

(5)如果外国游客要求会见在华外国人或驻华使领馆人员，导游不应干预；如果游客要求协助，导游可给予帮助；若外国游客盛情邀请导游参加使领馆举办的活动，导游应先请示领导，经批准后方可前往。

二、要求亲友随团活动的处理

游客到某地希望会见亲友，但时间有限又不舍得放弃旅游活动，因此向导游提出亲友随团的要求，导游要做到：

(1)首先要征得领队和旅游团其他成员的同意。

(2)与接待社有关部门联系,如无特殊情况可请随团活动的人员准备好有效身份证件到接待社填写表格,交纳费用,办完随团手续后方可随团活动。

(3)如因时间关系无法到旅行社办理相关手续,可电话与接待社有关部门联系,得到允许后代为查阅证件,收取费用;尽快将收据交给游客。

(4)若是外国驻华使馆人员或外国记者要求随团活动,应请示接待领导,按照我国政府的有关规定办理。

三、中途退团的处理

1.因特殊原因提前离开旅游团

游客因患病,或因家中出事,或因工作上急需,或因其他特殊原因,要求提前离开旅游团,中止旅游活动,经接待方旅行社与组团社协商后可予以满足。至于未享受的综合服务费,按旅游协议书规定,或部分退还,或不予退还。

2.无特殊原因执意退团的

游客无特殊原因,只因某个要求得不到满足而提出提前离团。导游要配合领队做说服工作,劝其继续随团旅游;若接待方旅行社确有责任,应设法弥补;若游客提出的是无理要求,要做耐心解释;若劝说无效,游客仍执意要求退团,可满足其要求,但应告知其未享受的综合服务费不予退还。

外国游客不管因何种原因要求提前离开中国,导游都要在领导指示下协助游客重订航班,办理分离签证及其他离团手续,所需费用游客自理。

四、延长旅游期限的处理

游客要求延长旅游期限一般有两种情况:

(1)由于某种原因中途退团,但本人继续在当地逗留需延长旅游期限。对无论何种原因中途退团并要求延长在当地旅游期限的游客,导游应帮其办理一切相关手续。对那些因伤病住院,不得不退团并须延长在当地逗留期限者,除了办理相关手续外,还应前往医院探视,并帮助解决患者或其陪伴家属在生活上的困难。

(2)不随团离开或出境。旅游团的游览活动结束后,由于某种原因,游客不随团离开或出境,要求延长逗留期限,地陪应酌情处理:若不需办理延长签证的一般可满足其要求;无特殊原因游客要求延长签证,原则上应予以婉拒;若确有特殊原因需要留下但需办理签证延期的,地陪应请示旅行社领导,向其提供必要的帮助。

①办理延长签证手续的具体做法:先到旅行社开证明,然后陪同游客持旅行社的证明、护照及集体签证到公安局外国人出入境管理处办理分离签证手续和延长签证手续,费用自理。

②如果离团后继续留下的游客需要帮助,一般可帮其做以下工作:协助其重新订妥机(车、船)票、饭店等,并向其讲明所需费用自理;如其要求继续提供导游或其他服务,则应与接待社另签合同。

③离团后的一切费用均由游客自理。

自我检测

1.游客要求延长旅游期限,作为导游该怎么做?

2.从台湾来大陆旅游的游客,想探望他在重庆的亲人,作为导游你该怎么办?

任务实训

游客中途退团的处理

一、实训目标

通过实训,使学生了解游客中途退团的处理方法。

二、实训准备

1.创设情境

某旅行社导游小郭接待一个来自美国旧金山的旅游团,该团原计划 9 月 27 日飞抵 D 市。9 月 26 日晚餐后回到房间不久,领队陪着一位女士找到小郭说:“玛丽小姐刚刚接到家里电话,她的母亲病故了,需要立即赶回旧金山处理丧事。”玛丽非常悲痛,请小郭帮助。小郭得知此事后应该如何妥善处理?

2.分组

每组 4~6 人。

三、实训方式

分组讨论。

四、实训步骤

1.理论知识回顾

导游处理游客中途退团要求的方法。

2.分组讨论案例

请同学们以小组为单位分析案例。

3.归纳出正确答案

4.以小组为单位上台演示讨论结果

项目小结

通过本项目的学习，要求同学们了解游客个别要求的处理原则和具体的处理方法，请进行如下评价。

表 3.1 评价表

评价内容	标准及要求	互评或师评
旅游个别要求处理的一般原则	能掌握旅游个别要求处理的一般原则	□完全做到 □基本做到 □没做到
旅游餐饮、住房、娱乐、购物方面要求的处理	能掌握旅游餐饮、住房、娱乐、购物方面要求的处理办法	□完全做到 □基本做到 □没做到
对自由活动和转递物品要求的处理	能掌握自由活动和转递物品要求的处理办法	□完全做到 □基本做到 □没做到
其他个别要求的处理	能掌握其他个别要求的处理方法	□完全做到 □基本做到 □没做到

项目四　旅游接待中突发事件处理

项目概述

旅游活动不是一项单纯的游览活动，而是一项综合性很强的活动。旅游活动关系到社会生活的方方面面，无论计划得多么周密，都会存在非人力能控制的因素，使得其顺利进行存在潜在隐患。因此，导游在带团过程中不仅要热情服务，认真工作，维护游客的合法权益，更要遵守有关规章制度，与有关部门积极配合，处理好相关旅游问题与事故。

任务一　了解旅游问题与事故性质及处理原则

任务分析

游客在旅游活动中，由于自身、导游或者天气等原因，会出现各种旅游事故。导游讲解不到位、饭店星级不符合标准、导游没有完成行程等，这些都属于责任事故。如果是天气原因等不可抗力因素导致的旅游事故，则属于非责任事故。

任务目标

(1)能辨别旅游事故的性质；

(2)能描述常见旅游事故预防的方法；

(3)能依照旅游事故处理原则处理旅游事故。

任务实施

一、旅游事故的性质

旅游事故按性质可分为安全性事故和业务性事故。安全性事故是指有关游客人身和财产安全的事故；业务性事故是指因旅游服务部门运行机制出现故障而造成的事故。业务性事故又可分为责任事故和非责任事故。所谓责任事故是指由于接待方的疏忽、计划不周等原因造成的事故，如发生误机（车、船）事故，提供的客房低于合同约定的标准等。而非责任事故是指由于天气变化、自然灾害等不可抗力因素而非接待部门的原因造成的事故。

二、事故的预防

为避免或少出事故，导游应做好以下工作：

(1)牢记服务宗旨。导游应牢记“宾客至上”的服务宗旨，处处维护游客的合法权益，全心全意为游客服务。

(2)制订周密计划。导游在拿到接待计划后，要认真阅读，做好以下工作：

①提前核实游客所乘交通工具及班次，根据所乘交通工具及班次查阅抵达时间。

②核对客源地、用餐、住宿标准及有无特殊要求，提前订餐，确认住宿。

③记住领队和全陪的姓名及联系方式，提前联系沟通。

④了解游客情况（年龄、性别、单位、人数），为日后的工作做好准备。

⑤提前和司机沟通，确认接站时间和地点。

三、事故处理的基本原则

旅游事故发生时，导游应该沉着冷静，根据现场具体情况采取相应措施，降低风险、减少损失，把保卫游客生命和财产安全放在首要位置。旅游事故多种多样，每个事故的处理方法不尽相同。一般来说，导游处理旅游问题与事故时应遵循下列原则。

1.迅速向旅行社汇报

在旅游过程中，无论发生什么问题和事故，导游都不得自作主张，要首先向旅行社有关部门汇报情况，按照旅行社指示处理问题。

2.协助或采取措施解决问题

旅游事故发生后，导游不能推诿责任，要立即采取有效措施解决问题。如客房不符合标准的，应立即予以协调，给予更换；发生交通事故，要立即报警，保护现场，配合交警和医护人员组织抢救；发生火灾，应立即报警，并组织游客自救和有效转移。

3.安抚游客

在异地他乡出现旅游问题或发生事故，最无助、最惊恐的莫过于游客。作为导游应时刻与游客站在一起，关心他们，实事求是地说明情况，征求其谅解和支持，并安慰他们，消除其恐惧心理。

4.查明原因和分清责任

问题、事故发生以后，导游要写出事故报告，配合旅行社查明原因，分清责任。若是旅行社的责任，要诚恳向游客道歉，并采取一定措施予以弥补；由于不可抗力原因导致的，要向游客说明情况；若是游客方的责任，则提醒游客责任自负，并恳请游客继续配合与支持。

自我检测

1.如何预防旅游事故的发生？

2.旅游事故处理的基本原则有哪些？

任务实训

一、实训目标

区分旅游事故的性质。

二、实训准备

1.创设情境

2015 年 5 月 1 日，重庆周先生一行 16 人到宁夏旅游，参加了某旅行社的“塞上江南二日游”，由导游小李带大家游览。游览途中，小李简单做了自我介绍，之后便一言不发，只是把游客带到旅游景点，没有为游客讲解宁夏的风土人情、民俗民风。对此，周先生很不满意。到了晚上入住饭店时，周先生发现原本合同上写明的三星级饭店变成了二星级，他难抑心中的怒火，强烈要求旅行社按接待标准安排。第二日，旅行社为周先生换了一名导游，这次的导游讲解，周先生还是比较满意的。14:00，导游准备带领游客参观行程中的最后一个景点——沙湖旅游景区，没想到天降大雨，沙湖的游船停运，无奈只好取消该行程。

在本案例中，哪些属于责任事故，哪些属于非责任事故？

2.分组

每组 4~6 人。

三、实训方式

分组讨论。

四、实训步骤

1.理论知识回顾

旅游事故的性质：①由于导游或旅行社方面的原因造成旅游事故属于责任事故；②由于天气等客观原因造成的旅游事故属于非责任事故。

2.分组讨论案例

请同学们以小组为单位，区分情景中旅游事故的性质。

3.归纳出正确答案

4.以小组为单位上台演示讨论结果

任务二 了解漏接、空接、错接事故的预防与处理方法

任务分析

漏接、空接、错接都属于责任事故,通常会发生在导游接团这个环节。造成此类事故的发生通常有主观原因也有客观原因。比如,本站接待旅行社有关部门未将旅游团因航班(车次、船次)变更提前到达的消息通知该团导游等。因此,导游在带团过程中必须预防该类事故发生,一旦出现问题,要果断、正确地处理。

任务目标

(1)能准确地说出什么是漏接、空接和错接;

(2)能描述导致漏接、空接和错接的原因;

(3)能描述预防漏接、空接和错接的方法;

(4)能描述漏接、空接和错接事故处理方法。

任务实施

一、漏接的原因

漏接是指旅游团抵达一站后无导游迎接的现象。漏接的原因多种多样,有主观的也有客观的,主要表现为以下两方面:

1.由于导游或旅行社方面的原因造成的漏接

(1)不认真阅读接待计划。由于导游或旅行社有关人员没有认真阅读接待计划,搞错了旅游团抵达的日期、时间、地点。

(2)迟到。导游或司机没有按规定时间提前抵达接站地。

(3)导游举牌接站的地点不当。

(4)未看变更计划。由于某种原因原定计划变更,导游没有阅读变更通知仍按原计划去接团。

(5)新旧时刻表交替。导游没有核对新的时刻表,仍按旧时刻表去接团。

2.由于客观因素或游客方面的原因造成的漏接

(1)上一站旅行社由于特殊原因引发的原定航班(车次、船次)的变更未及时通知本站接待旅行社。

(2)本站接待旅行社有关部门未将旅游团因航班(车次、船次)变更提前到达的消息通知该团导游。

(3)由于交通堵塞或其他预料不到的情况未能及时抵达机场(车站、码头)。

(4)由于国际航班提前到达或游客在境外中转站换乘其他航班未通知旅行社。

二、漏接的预防

1.认真阅读计划

导游在接到接团任务后,应认真阅读计划,了解旅游团领队或全陪电话号码,抵达的日期、时间,接站地点及航班(车次、船次),最好亲自跟旅游团领队或全陪联系沟通,确认上述信息,避免由于其他工作人员的疏忽而造成的信息错误。

2.核实交通工具到达的准确时间

在从领队或全陪处获得相关信息后,在旅游团抵达的当天,导游应与旅行社有关部门联系,了解航班(车次、船次)是否有变更,并及时与机场(车站、码头)联系,核实抵达的确切时间。

3.提前抵达接站地点

导游应提前与司机联系,商定好出发时间,保证提前到达接站地点,并在接站前一天提醒司机次日接站,做到有备无患。

知识拓展

作为旅行社工作的一线人员,导游凡事都要谨慎。旅游活动的综合性导致旅行社工作具有一定的复杂性,旅行社工作人员在工作中难免出错,如果一味相信旅游计划单所告知的信息,将给日后的工作带来极大的不便。在接待旅游团队工作的过程中,最能相信的人就是自己,凡事应亲力亲为,这是做好导游工作的前提。

三、漏接的处理

1.由于导游或旅行社方面的原因造成的漏接

(1)实事求是地向游客说明情况,诚恳地赔礼道歉,求得游客的谅解。

(2)如果有费用问题(如游客乘坐出租车到饭店的费用),应主动将费用赔付给游客。

(3)提供更加热情周到的服务,高质量地完成计划内的全部活动,千方百计消除游客不愉快的情绪。

(4)经旅行社同意,采取适当加菜、加酒或赠送小纪念品的措施,消除游客的不满情绪。

(5)必要时,请旅行社经理出面道歉。

2.由于客观因素或游客方面的原因造成的漏接

(1)立即与接待社有关部门联系,告之现状,查明原因。

(2)耐心向游客解释,消除误解。

(3)尽量采取措施弥补,努力完成计划,使游客的损失降到最低。

四、空接的预防与处理

某旅行社导游小张，接到香港旅游团的接待计划，日程是2010年9月25日22:00抵达A市。2010年9月25日，小张抵达A市后先去饭店拿了房间钥匙，随后和司机一起到火车站接团。待该次列车的乘客全部出站，小张也没有见到该旅游团出现，于是，小张便与本社工作人员联系询问情况。不料，旅行社工作人员的答复却是："哎呀，真糟糕，该团上星期就已经取消，忘记通知你了。"

这是一起典型的空接事故，所造成的饭店损失、旅游车往返费用等该由谁来承担呢？一方面，由于旅行社工作人员的工作失误，没有将旅游团取消的变更消息及时通知导游，造成空接事故的发生。另一方面，导游小张也要承担一定的责任，在接团前他没有与团队全陪或领队确认接团时间及相关事宜，如果能提前落实，这个事故是完全可以避免的。

（一）空接的定义

空接是指旅游团由于某种原因推迟抵达某站，导游仍按原计划预定的航班（车次、船次）接站而没有接到旅游团。

（二）造成空接的原因

（1）接待社没有接到上一站旅行社的通知。

（2）由于某种原因，上一站旅行社将该团原定的班次（车次、船次）变更，变更后推迟抵达，但由于上一站旅行社相关工作人员的疏忽，没有通知下一站接待社。

（3）接待社已接到上一站旅行社的变更通知，但相关工作人员没有及时通知该团地陪。

（4）由于游客本人生病、有急事或其他原因临时决定取消旅游，没有乘坐飞机或火车前往下一站，但又未及时通知旅行社。

（三）空接的处理

（1）首先排除漏接。与全陪或领队联系，看旅游团是否已经到达。

（2）立即与本社有关部门联系，查明原因。

（3）经过核实，若该旅游团确实会推迟时间，应确认推迟到达的时间及班次（车次、船次），地陪要听从接待社的安排，重新安排接团事宜。

（4）经核实该团确实因故不能前来，应立即取消一切预订，如退房、餐、车、交通票等，并通知接待社有关人员将情况及时通知组团社及下一站接待社。

五、错接的预防与处理

（一）错接的定义

错接是指导游在接站时未认真核实，接了不应由他接待的旅游团或者游客。

（二）错接的预防

（1）认真阅读接待计划。地陪应将旅游团的组团旅行社名称、旅游团团号、人数、单位名称、全陪或领队姓名、联系电话等相关信息牢记，以备接团时核对。

(2)导游应提前到达接站地点迎接旅游团。

(3)地陪接到旅游团后,应认真核对该团相关信息,准确无误后,方可将旅游团接走。

(4)全陪带团抵达后也要主动与地陪核实旅游团的各种信息。

(三)错接的处理

(1)及时报告。发现错接后,马上向旅行社领导或有关人员报告,查明两个错接团的情况再做具体处理。

(2)将错就错。经过调查核实,错接发生在同一旅行社接待的两个旅游团之间,两个导游同是地陪,可以将错就错,将接待计划交换之后即可继续接团。

(3)必须交换。经调查核实,错接发生在两家地接社之间,就必须交换旅游团。

自我检测

1.怎样预防漏接事故?

2.怎样处理空接事故?

任务实训

一、实训目标

漏接的处理。

二、实训准备

1.创设情境

某旅游团于2015年8月3日22:00到达C市,到达后没有导游接团。旅游团领队与接待社联系后发现,是由于计划变更后旅行社未通知导游造成的。如果你是导游,应如何解决?

2.分组

每组4~6人。

三、实训方式

分组讨论,情景模拟。

四、实训步骤

1.理论知识回顾

由于导游或旅行社方面的原因造成漏接的处理程序主要有:

(1)实事求是地向游客说明情况,诚恳地赔礼道歉,求得游客的谅解。

(2)如果有费用问题,应主动将费用赔付给游客。

(3)提供更加热情周到的服务,高质量地完成计划内的全部活动。

(4)经旅行社同意,采取措施,消除游客的不满情绪。

(5)必要时,请旅行社经理出面道歉。

2.分组讨论案例

请同学们以小组为单位,讨论处理办法。

3.归纳出正确答案

4.以小组为单位上台演示处理该事件的全过程

任务三 了解误机(车、船)事故的预防与处理方法

任务分析

误机(车、船)属于旅游活动中出现的重大事故,不仅给旅行社带来巨大的经济损失,还会使游客蒙受经济或其他方面的损失,严重影响旅行社的声誉。导游要高度认识误机(车、船)的严重后果,杜绝此类事故的发生。

任务目标

(1)能描述误机(车、船)事故;

(2)能根据实际情况区分误机(车、船)事故的责任;

(3)能描述误机(车、船)事故预防的方法;

(4)能处理误机(车、船)事故。

任务实施

一、误机(车、船)

误机(车、船)事故是指因故造成旅游团没有按原定航班(车次、船次)离开本站而导致暂时滞留。

二、误机(车、船)事故的原因

1.主观原因造成的责任事故

(1)导游安排日程不当或过紧,使旅游团没能按规定时间到达机场(车站、码头)。

(2)导游没有认真核实交通票据,将离站的时间或地点搞错。

(3)旅游团所乘坐的交通工具航班(车次、船次)已变更,但旅行社没有及时通知导游。

(4)游客原因。由于游客不遵守时间或走失而导致全团等候时间延长造成误机(车、船)。

2.客观原因造成的责任事故

由于途中遇到交通事故、严重堵车、汽车发生故障等突发情况造成迟误。

三、误机(车、船)事故的预防

(1)地陪、全陪要提前做好旅游团离站交通票据的落实工作,并核对日期、航班(车次、船次)、时间、目的地等。

(2)如交通票据没有落实,带团期间应随时与旅行社有关部门联系,了解航班(车次、船次)有无变化。

(3)离开本地的当天,不安排旅游团到范围广、地域复杂的景点参观游览;不安排旅游团到热闹的地方购物或自由活动。

(4)留出充裕的时间去机场(车站、码头),保证旅游团按规定时间到达离站地点。

四、误机(车、船)事故的处理

(1)立即向旅行社领导及有关部门报告,请求协助。

(2)导游与旅行社尽快与机场(车站、码头)联系,争取让游客改乘后续航班(车次、船次)离开本站,或改乘其他交通工具前往下一站。

(3)稳定游客的情绪,安排好在当地滞留期间的食宿、游览等事宜。

(4)及时通知下一站,对日程作相应调整。

(5)诚恳地向游客赔礼道歉,以自己的实际行动求得游客的谅解。

(6)查清事故的原因和责任,责任者应承担经济损失并接受纪律处分。

自我检测

①如果你在带团过程中出现误机事故,你该如何处理?

②如果你在带团过程中出现误车(船)事故,你该如何处理?

任务实训

一、实训目标

误车事件的处理。

二、实训准备

1.创设情境

2016年9月14日,导游小王带领上海王先生一行15人进行宁夏一日游活动。按照计划安排,活动结束后,王先生一行应乘21:50的火车赴西宁进行下一站的游览。晚饭后,小王看时间还早,便建议王先生一行自费去参观回族风情表演,并保证可以按时回来,不会耽误乘火车时间。王先生一行听取了小王的建议,看完回族风情表演已经21:00了。从看表演的地方到火车站要1个小时,此时大家心里都十分着急,但由于是导游帮忙安排的,也不便说什么。司机一路上加速行驶,当大家带着行李匆忙过了安检到达站台时,火车已经开走了。如果你是导游,你将如何处理该事件?

2.分组

每组4~6人。

三、实训方式

分组讨论,情景模拟。

四、实训步骤

1.理论知识回顾

误车事件处理的程序主要有:

(1)立即向旅行社领导及有关部门报告,请求协助。

(2)导游和旅行社尽快与车站联系,争取让游客改乘后续车次离开本站,或改乘其他交通工具前往下一站。

(3)稳定游客的情绪,安排好在当地滞留期间的食宿、游览等事宜。

(4)及时通知下一站,对日程作相应调整。

(5)诚恳地向游客赔礼道歉,以自己的实际行动求得游客的谅解。

(6)查清事故的原因和责任,责任者应承担经济损失并接受纪律处分。

2.分组讨论案例

请同学们以小组为单位,讨论处理办法。

3.归纳出正确答案

4.以小组为单位上台演示处理该事件的全过程

任务四　了解游客丢失财物的预防与处理方法

任务分析

导游要熟练掌握导游业务的方方面面,才能有条不紊地处理游客证件丢失事故。处理这类事故时,导游应注意两点:第一,导游之间要密切合作,才能办好事情。第二,事后要一再提醒游客照管好自己的证件、财物,避免发生类似事故。

任务目标

1.能描述证件、钱物、行李丢失的预防方法。

2.能根据实际情况处理证件、钱物、行李丢失。

任务实施

一、证件、钱物、行李丢失的预防

(一)做好提醒工作

导游"嘴勤"是预防工作事故的保障,不怕麻烦反复提醒是预防游客遗失物品和失窃的最好方法。

(1)离开旅游车时,提醒游客和司机带好贵重物品,关闭车窗。

(2)参观游览时,提醒游客看好自己的贵重物品。

(3)在热闹、拥挤的场所购物时,提醒游客保管好自己的钱包。

(4)入住饭店时,提醒游客将贵重物品放于饭店的保险箱内(饭店提供此项服务)。

(5)离开饭店时,提醒游客带好所有物品,不要将物品遗忘在饭店。

(6)用餐后离开餐厅时,提醒游客带好随身物品。

(二)不为游客保管证件

导游在工作中需要用游客的证件时,须经由领队收取,用完立即归还,不要代为保管,要提醒游客保管好自己的证件。

二、证件遗失的处理

游客发现证件遗失时,导游要请失主冷静回忆,详细了解情况,尽量协助游客寻找。如证件确实丢失,导游应马上报告公安部门、接待社和组团社,并留下游客的详细地址、电话。之后,导游要根据组团社或接待社的安排,协助失主办理补办手续,所有费用由游客自理。

(一)丢失外国护照和签证

(1)由旅行社出具证明。

(2)请失主准备照片。

(3)失主本人持证明去当地公安局(外国人出入境管理处)报失,由公安局出具证明。

(4)持公安局出具的证明去所在国驻华使、领馆申请补办新护照。

(5)领到新护照后,再去公安局补办签证手续。

(二)丢失团体签证

持接待社开具的遗失公函、原团体签证复印件(副本)、重新打印的与原团体签证格式内容相同的该团人员名单、该团全体游客的护照到公安局出入境管理处报失,并填写有关申请表(可由一名游客填写,其他成员附名单)。

(三)丢失中国护照和签证

(1)华侨丢失护照和签证:接待社开具遗失证明;失主准备照片;失主持证明、照片到公安局出入境管理处报失并申请办理新护照；再持新护照到其所在国驻华使领馆办理入境签证手续。

（2）中国公民出境时丢失护照、签证：地陪协助在接待社开具遗失证明；持遗失证明到当地警察机构报案，并取得警察机构开具的报案证明；持当地警察机构开具的报案证明和遗失者的照片及相关材料到我国驻该国使领馆领取“中华人民共和国旅行证”；回国后可凭“中华人民共和国旅行证”和境外警方的报失证明，申请补发新护照。

（3）丢失中华人民共和国居民身份证：由接待社开具证明；持接待社开具的证明到当地公安局报失，经核实后开具身份证明，机场安检人员核准放行。回到居住地后，凭公安局遗失证明和有关材料到当地派出所办理新身份证。

知识拓展

丢失港澳居民来往内地通行证的处理：由接待社开具遗失证明；持接待社的遗失证明向公安部门报失，并取得报失证明；持报失证明到公安局出入境管理处申请领取赴港澳证件；经出入境管理部门核实后，给失主签发一次性“中华人民共和国出入境通行证”；持出入境通行证回港澳地区后，填写“港澳居民来往内地通行证遗失登记表”和申请表，凭本人的港澳居民身份证，向通行证受理机关申请补发新的通行证。

三、丢失钱物的处理

（1）立即向公安局、保安部门或保险公司报案。

（2）及时向接待社汇报。

（3）若旅游团结束行程时仍未破案，可根据失主丢失钱物的时间、地点、责任等具体情况作善后处理。

四、行李遗失的处理

（一）在机场丢失行李

由于游客的失误导致行李在机场丢失，这种情况不是导游的责任，但导游应帮助游客追回丢失的行李。

（1）导游带失主到机场失物登记处办理行李丢失和认领手续。失主须出示机票及行李牌，详细说明始发站、转运站，详细描述行李件数及丢失行李的大小、形状、颜色、特征等，并一一填入失物登记表；将失主下榻饭店的名称、房间号和电话号码告诉登记处并记下登记处的电话和联系人，记下有关航空公司办事处的地址、电话以便联系。

（2）游客在当地旅游期间，导游要随时打电话询问寻找行李的情况，若一时找不回行李，要帮助失主购置需要的生活用品。

（3）离开本地前行李还没有找到，导游应帮助失主将接待旅行社的名称、全程旅游线路及各地可能下榻的饭店名称转告有关航空公司，以便行李找到后及时运往最适宜的地点交还失主。

(4)如行李确系丢失，失主可向有关航空公司索赔。

(二)在中国境内丢失行李

游客在中国境内旅游期间丢失行李，一般是交通部门或行李员的责任，但导游应高度重视，负责查找。

(1)冷静分析，找出差错环节。

①若游客在出站前领取行李时找不到托运的行李，则有可能在上一站行李交接或行李托运过程中出现了差错。此时，导游可带失主到失物登记处办理行李丢失和认领手续。由失主出示机票和行李牌，填写丢失行李登记表。立即向旅行社领导汇报，请其安排有关部门和人员与机场、上一站旅行社、民航等单位联系，积极寻找。

②如果抵达饭店后，发现游客没有拿到行李，则问题可能出现在饭店内或本地交接或运送行李的过程中。此时，地陪应和全陪、领队一起先在本团成员房间寻找，查看是否饭店行李员送错了房间，还是本团客人误拿了行李；若找不到，应与饭店行李科取得联系，请其设法寻找；若饭店相关工作人员仍找不到，应向旅行社汇报。

(2)主动做好失主的工作，就丢失行李事故向失主表示歉意，并帮助其解决因行李丢失而带来的生活方面的困难。

(3)经常与有关方面联系，询问查找进展情况。

(4)将找回的行李及时归还。如果确定行李已经遗失，则应由旅行社领导出面向失主说明情况，表示歉意。

(5)帮助失主根据惯例向有关部门索赔。

(6)事后写出书面报告。报告中写出行李丢失的经过、原因、查找过程及失主和其他团员的反应等情况。

(三)行李损坏的处理

游客在整个旅游过程中要经过多个城市和地区，有时在提取行李时发现托运的行李有破损甚至面目全非。行李的破损可能是由多方面因素造成的：行李传送机械的原因，行李装卸人员操作不当或行李箱自身的质地等。发生行李破损时，导游的做法是：

(1)带行李破损的游客到机场行李查询处填写“行李运输事故记录”单。

(2)帮助行李破损的游客根据《中华人民共和国民用航空法》中有关规定，向承运人索取一定的赔偿。赔偿方式有现金赔付、以坏换新、退旧买新、凭发票报销、修理后凭票报销。

自我检测

1.怎样预防游客财物丢失事故？

2.在中国境内如何处理行李丢失事故？

任务实训

对于行李遗失问题要积极妥善处理，并注意做好游客及有关方面的工作。

一、实训目标

行李遗失的处理。

二、实训资料

某旅游团到达A地，机场地接导游小孙接到游客后，带游客前往饭店入住，办理好登记手续后，游客方女士发现行李不见了。如果你是小孙，你该如何解决此事？

三、实训方式

分组讨论，情景模拟。

四、实训步骤

1.理论知识回顾

行李丢失的处理程序：①冷静分析，找出差错环节。②主动做好失主的工作，就丢失行李事故向失主表示歉意，并帮助其解决因行李丢失而带来的生活方面的困难。③经常与有关方面联系，询问查找进展情况。④将找回的行李及时归还。如果确定行李已经遗失，则应由旅行社领导出面向失主说明情况，表示歉意。⑤帮助失主根据惯例向有关部门索赔。⑥事后写出书面报告。

2.分组讨论

分组讨论案例，讨论处理办法。

3.归纳出正确答案

4.以小组为单位上台演示讨论结果

任务五　了解游客走失的预防和处理方法

任务分析

导游在带团过程中，应该采取各种措施预防该类事故发生。如游客一上车首先清点人数，并清楚地向游客介绍当天的行程安排，到达景区后告知游客景区的游览路线、集合时间、停车地点及车牌号码等，这些都是防止游客走失的有效措施。

任务目标

(1)能描述游客走失原因和预防措施；

(2)能根据实际情况处理游客走失事故。

任务实施

一、游客走失的原因

在旅游接待工作中，游客走失的情况时有发生。一般来说，造成游客走失的原因主要有以下四种：

(1)导游没有向游客讲清停车的位置、车牌号码及景区的游览线路。有很多景点都有多条游览线路，甚至景区的出口及停车场也不止一个，如果导游在游客下车前没有清楚地告知停车位置、车牌号码及在哪一个出口集合，那么就很容易造成游客走失。

(2)游客对某种现象和事物产生兴趣，在某处摄影滞留时间较长而脱离团队。出门旅游，喜欢拍照成为大多数游客的共通点，他们希望把自己的所见所闻拍下来留作纪念，因滞留时间较长而脱离团队。

(3)地陪讲解欠佳，不能吸引游客。由于某些地陪讲解不精彩，讲解内容不丰富，不能引起旅游团的注意，导致游客对其他团队导游讲解产生兴趣而随其他团队游览，脱离了自己的团队，造成走失。

(4)游客自由活动，外出购物时没有记清地址和路线，或没有记清下榻饭店的名称或地址而走失。

二、游客走失的预防

在参观、游览或自由活动时，旅游团中游客走失的情况时有发生，造成游客走失的原因很多，不一定都是导游的责任。但无论是哪种原因造成的游客走失，都会影响游客的情绪，严重时会影响旅游计划的完成，甚至危及游客的生命和财产安全。导游必须加强责任心，周到细致地工作，避免此类事件的发生。

1.做好提醒工作

(1)提醒游客记住接待社的名称、旅游车的车牌号码、导游的联系方式、下榻饭店的名称或带上饭店的地址、店徽。

(2)团体游览时，提醒游客不要掉队。

(3)自由活动时，建议游客最好结伴同行，提醒游客不要走得太远，不去拥挤、秩序混乱的地方。

2.做好各项活动安排的预报

(1)导游每天上车后的第一件事就是向游客报告一天的行程安排，讲清上午、下午的游览景点，每个景点的游览时间，中餐、晚餐餐厅的名称和地址。

(2)下车之前，告知全体游客旅游车的停车地点、车牌号码及集合时间，并告知一定不能迟到。

(3)进入景区后，在景点示意图前向游客介绍游览线路及所需时间。

3.随时清点人数

每次集合后向另一地点出发时，导游都要清点人数，发现人数不对时应及时寻找。

4.密切配合

地陪、全陪和领队应密切配合,一般地陪在前面带队讲解,全陪和领队在旅游团的后面做断后工作,防止游客走失。

5.导游的基本功要过硬

导游必须以纯正的语言、丰富的讲解内容和高超的导游技巧吸引游客,使他们紧跟团队,防止走失。

三、游客走失的处理

(一)旅游过程中游客走失

1.了解情况,迅速寻找

导游应向其他游客了解情况,并请全陪、领队电话联系走失游客,若电话联系不上,就要分头寻找。

2.争取有关部门的协助

在认真寻找仍找不到游客时,导游应立即向游览地的派出所和管理部门求助,通过景点广播找人。

3.与饭店联系

在寻找过程中,导游可与饭店前台联系,看游客是否已回到饭店。

4.向旅行社报告

若采取以上措施仍找不到游客,地陪应向旅行社及时报告并请求帮助,必要时向公安部门报案。

5.写出事故报告

若发生严重的走失事故,导游要写出书面报告,详细记录游客走失经过、寻找经过、走失原因、善后处理及游客的反应等情况。

(二)自由活动时游客走失

1.立即报告旅行社及公安部门

游客在自己外出时走失,导游得知后应立即报告旅行社,请求指示和协助,并报告公安部门以求协助。

2.做好善后工作

走失者回到饭店,导游应问清情况,必要时提出善意的批评,提醒走失者引以为戒,避免走失事故再次发生。

3.出现其他情况的处理

若游客走失后出现其他情况,应视具体情况作治安事故或其他事故处理。

自我检测

1.怎样预防游客走失？

2.自由活动时游客走失应该如何处理？

任务实训

一、实训目标

游客走失的处理。

二、实训准备

1.创设情境

某年暑假，由 80 人组成的银川中学生旅游团赴北京游览。旅游团分乘两辆车前往颐和园。到达颐和园时，入口处已是人山人海。两位地陪商量后，决定 A 车学生从东宫门进，B 车学生由北如意门入园，3 小时后在新建宫门口集合。2 小时后，A 车一行 40 人游览了石舫，地陪清点人数，40 名学生都在现场，便带团登船前往东岸文昌阁。船抵码头，游客陆续下船，地陪一点人数，少了喜欢照相的 4 人。4 名学生都没有手机，这下带队的老师、全陪和地陪都着急了。这时，地陪让全陪照顾学生就地拍照、休息，自己跑去颐和园管理处请求广播寻人，通知 4 人直接到东宫门等候。30 分钟后全团会合，乘车返回市区。

请问导致本次事故的原因有哪些？如果你是导游该如何处理该事故？

2.分组

每组 4~6 人。

三、实训方式

分组讨论。

四、实训步骤

1.理论知识回顾

游客走失的处理程序：①了解情况，迅速寻找；②争取有关部门的协助；③与饭店联系；④向旅行社报告；⑤写出事故报告。

2.分组讨论案例

请同学们以小组为单位，讨论出情境中旅游事故的处理程序。

3.归纳出正确答案

4.以小组为单位上台演示讨论结果

任务六　游客患病、死亡的处理方法

任务分析

旅游活动是在异地进行的活动，在异地转移途中难免会出现游客患病的情况。如有游客在火车上突患重病，这时导游首先应寻求乘务员的帮助，在乘客中找到了医务工作者前来帮忙，有效地解决这一突发问题。导游在遇到该类事故时，一定要冷静处理。

任务目标

(1)能描述游客患病的预防方法；

(2)能根据实际情况处理游客患病事故。

任务实施

一、游客患病的预防

游客从居住地到目的地旅游，经过长途旅行的劳累，加上气候变化、水土不服、起居习惯改变等原因，使得体力消耗较大，会引发团中年纪大、有慢性病、体质弱的游客在旅途中旧病复发、生病甚至死亡。为了避免或减少此类事件的发生，导游应做有心人，从多方面了解游客的身体状况，做好预防工作。

1.了解旅游团成员的健康状况

导游可以通过多方渠道了解游客的健康状况，做到心中有数。

(1)接团前通过接团计划了解本团成员的年龄构成。

(2)从接到旅游团时起，导游可从领队处或通过游客了解旅游团内有无需要特殊照顾的患病游客。

(3)对身体肥胖或瘦弱、走路缓慢、面部表情和举止异常的游客多关心，预防突发疾病发生。

2.安排活动日程要留有余地、劳逸结合

(1)不能将体力消耗大、游览项目多的景点集中安排，要张弛有度，做到劳逸结合，使游客感到轻松愉快。

(2)不要将一天的游览活动安排得太多太满。

(3)晚间活动的时间不宜安排过长。

3.做好提醒、预报工作

(1)导游应做好天气预报工作。要根据每天的天气预报提醒游客增减衣服、携带雨具、穿戴适宜的鞋帽。

(2)提醒游客注意饮食卫生，不吃不洁食物，不喝生水。

(3)气候干燥或在盛夏时,提醒游客多喝水。

二、游客患一般疾病的处理

游客在旅游期间感到身体不适或患一般疾病,如水土不服、晕车、失眠、便秘、腹泻、感冒、发烧等,这时,导游应该采取以下措施:

(1)劝其及早就医并多休息。游客患一般疾病时,导游要劝其留在饭店休息并及早就医。

(2)关心游客的病情。对因病没参加游览活动,留在饭店休息的游客,导游要主动询问其身体状况,以示关心,必要时通知餐厅为其提供用餐服务。

(3)需要时,导游应陪同患者前往医院就医,但应向患者讲清楚,所需费用自理。

(4)严禁导游擅自给患者用药。

三、游客突患重病的处理

1.在前往景点途中突然患病

(1)在征得患者、患者亲友或领队同意后,立即将患重病的游客送往就近医院治疗,或拦截其他车辆将其送往医院。必要时,暂时中止旅行,用旅游车辆直接将患者送往医院。

(2)及时将情况汇报给旅行社。

(3)一般由全陪、领队、病人亲友一同前往医院,若无全陪和领队,地陪应立即通知接待社,请求帮助。

2.在参观旅游景点时突然患病

(1)不要搬动患病游客,应让其坐下或躺下。

(2)立即拨打电话叫救护车。

(3)向景点工作人员或管理部门请求帮助。

(4)及时向旅行社领导及有关人员报告。

3.在饭店突然患病

游客在饭店突患重病的,先由医务人员抢救,然后送往医院,并将情况及时向接待社领导汇报。

4.在向异地转移途中患病

在乘飞机(火车、轮船)前往下一站的途中突患重病的,导游应做到:

(1)导游应请求乘务员帮助,在乘客中寻找医务人员帮忙。

(2)必要时请求中止交通,前往就近医院紧急抢救。

(3)通知下一站旅行社做好抢救的各项准备。

四、游客因病死亡的处理

在旅游期间不论什么原因导致游客死亡都是一件很不幸的事情。当出现游客死亡时,导游应沉着冷静,立即向接待社领导和有关人员报告,按有关规定办理善后事宜。

(1)出现游客死亡的情况,导游应立即向当地旅行社报告,由当地旅行社按照国家有关规定做好善后工作。这时导游应稳定其他游客的情绪,并按原计划继续做好旅游团的接待工作。

(2)由参加抢救的医师向死者的亲属、领队及死者的好友详细报告抢救经过,并写出抢救经过报告及死亡诊断证明书,由主治医生签字后盖章并复印,分别交给死者的亲属、领队和旅行社。

(3)对死者一般不做尸体解剖,如要求解剖尸体,应由死者的亲属或领队提出书面申请并签字,经医院同意后方可进行。解剖后要写出尸体解剖报告,此外,旅行社还应在司法机关办理公证书。

(4)死者的遗物由亲属或领队、死者生前好友代表、全陪、接待社代表共同清点,列出清单,一式两份,上述人员签字后分别保存。遗物由死者的亲属或领队带回。

(5)若需要,在做好领队、死者亲属工作的基础上,请领队向全团宣布对死者的抢救经过。

(6)若死者的亲属不在身边,导游必须立即通知其亲属;若死者系外籍人士,应提醒领队或经由外事部门及早通知死者所属国驻华使领馆。

(7)死者遗体的处理,一般应以在当地火化为宜。遗体火化前,应由死者的亲属或领队(或驻华使领馆官员)写出火化申请书并签字后,交我方保留。

(8)死者的亲属要将遗体运送回国,除需办理上述手续外,还应由医院对尸体进行防腐处理,并办理"尸体防腐证明书",由殡仪馆成殓,并发给"装殓证明书"等有关证件。灵柩要用铁皮密封,外面要包装结实。

知识拓展

在处理死亡事故时,应注意的问题是:

(1)必须有死者的亲属、领队、使馆人员及旅行社有关领导在场,导游和旅行社人员切忌单独行事。

(2)有些环节还需要公安局、旅游局、保险公司的有关人员在场。每个重要环节应经得起事后查证并有文字依据。

(3)口头协议或承诺均属无效。事故处理后,将全部报告、证明文件、清单及有关材料存档备查。

自我检测

1.在旅游过程中,我们可以采取哪些措施预防游客生病?

2.在带团的过程中遇到游客突患重病,请问你该如何处理?

任务实训

一、实训目标

游客患病的处理。

二、实训准备

1.创设情境

2011 年 6 月 18 日，导游小杨带领王女士一行 16 人前往南京旅游。火车上，王女士的孙女双耳后起了几个疱疹，并伴有发烧的症状，王女士心急如焚。如果你是导游，应该如何处理该事故？

2.分组

每组 4~6 人。

三、实训方式

分组讨论。

四、实训步骤

1.理论知识回顾

在乘火车前往下一站的途中突患重病的处理：①导游应请求乘务员帮助，在乘客中寻找医务人员帮忙；②必要时请求中止交通，前往就近医院紧急抢救；③通知下一站旅行社做好抢救的各项准备。

2.分组讨论案例

请同学们以小组为单位，区分情境中旅游事故的性质。

3.归纳出正确答案

4.以小组为单位上台演示讨论结果

任务七　了解其他旅游事故的预防与处理方法

任务分析

在旅游过程中，还有可能出现交通事故、食物中毒、火灾等事故，这些事故都是属于事先无法预料的突发事件，一旦发生，后果往往不堪设想。轻者有惊无险，重者人员伤亡，给游客及旅行社带来极大的损失和人员伤害。所以，尽量避免或减少交通事故的发生，保障游客人身安全是导游的责任。

任务目标

(1)能说出常见交通事故的预防方法;
(2)能处理游客交通事故;
(3)能根据实际情况预防和处理火灾事故;
(4)能根据实际情况预防和处理食物中毒事故。

任务实施

一、交通事故

(一)交通事故的预防

汽车是外出旅游必不可少的交通工具,因此交通事故中最常见的也是汽车交通事故。导游在接待工作中应具有安全意识,配合司机做好事故的预防。

(1)安排游览日程时,时间上要留有余地,避免司机为赶日程而违章超速行驶。不催促司机开快车。

(2)如遇天气不好、交通拥挤、路况不好等情况,要主动提醒司机注意安全、谨慎驾驶。

(3)如果天气恶劣,地陪对日程安排可加以调整。如遇有道路不安全的情况,可以改变行程,必须永远把安全放在第一位。

(4)司机开车时,导游不要与司机聊天,以免分散其注意力。

(5)阻止司机违规开车。提醒司机在工作期间不要饮酒,如遇司机酒后驾车,绝不能迁就,要立即阻止,并向旅行社汇报,要求改派其他车辆或调换司机。

(6)提醒司机经常检查车辆,发现事故隐患要及时提出更换车辆的建议。

(二)交通事故的处理

(1)立即组织抢救。
(2)立即报案,保护现场。
(3)迅速向旅行社报告。
(4)做好旅游团(者)的安抚工作。
(5)请医院开出诊断和医疗证明。

(6)写出书面报告。

二、火灾事故

(一)火灾的预防

旅途中发生火灾,会给游客带来极大的损失和不幸,为防止火灾,导游应做到:

(1)做好提醒工作。导游应提醒游客不携带易燃、易爆物品;不乱扔烟头和火种;不要躺在床上吸烟;用完电器后及时将插头拔下,以免引发火灾。

(2)向游客详细介绍饭店的安全出口和转移路线。导游带领游客入住饭店后,在介绍饭店内的服务设施时,必须介绍饭店的安全出口及楼梯位置,并提醒游客进入房间后须看懂房门上贴的安全转移路线示意图,掌握失火时的逃生路线。

(3)牢记火警电话及本团游客所住房间号码。导游应牢记火警电话,掌握本团领队及游客所住房间号码,一旦发生火情,能及时通知游客。

(二)火灾事故的处理

发生火灾事故的处理措施如下:

(1)立即报警。

(2)通知领队及全团游客迅速撤离。

(3)听从工作人员的统一指挥,迅速通过安全出口疏散游客。

(4)判断火情,引导自救。

(5)协助处理善后事宜。

游客获救后,导游应立即配合抢救受伤者:若有重伤者应迅速送往医院;若有人死亡,应按有关规定处理;采取各种措施安抚游客的情绪,协助领导处理好善后事宜。

知识拓展

火灾发生后的应急处理注意事项:

(1)千万不能搭乘电梯或慌乱跳楼。

(2)若身上着火,可就地打滚,或用厚重衣物压灭火苗。

(3)用湿毛巾捂住口、鼻,尽量将身体重心下移,贴近地面顺墙爬行。

(4)大火封门无法逃脱时,可用浸湿的衣物、被褥将门封堵塞严,或泼水降温,等待救援。

(5)摇动色彩鲜艳的衣物呼唤救援人员。

三、食物中毒

(一)食物中毒的预防

因食用变质或不干净的食物常常会引发食物中毒。食物中毒的特点是潜伏期短,发病快且常常集体发病,若抢救不及时会有生命危险。预防食物中毒的措施如下:

(1)严格执行在旅游定点餐厅用餐的规定。

(2)提醒游客不要在小摊上购买食品。

(3)用餐时,若发现食物、饮料不卫生或变质、有异味,导游应立即要求更换,并要求餐厅负责人出面道歉,必要时应向旅行社领导汇报。

(二)食物中毒的处理

发生食物中毒事故的处理措施如下:

(1)立即采取排毒措施。若发现游客食物中毒,导游应立即设法为食物中毒者催吐,并让其多喝水,加速排泄以缓解毒性。

(2)开具证明。导游应立即将患者送往医院抢救,请医生开具诊断证明。

(3)迅速报告。导游应立即报告旅行社领导,将"诊断证明"的复印件备案,并追究供餐单位的责任。

自我检测

1.交通事故的处理程序有哪些?

2.游客食物中毒的处理程序有哪些?

任务实训

一、实训目标

交通事故的处理。

二、实训准备

1.创设情境

2016 年 7 月 11 日 14 时 45 分,宁夏塞外风情旅行社租用的银川昊顺旅游公司的大客车,在包兰线宁夏中宁县余丁至黄羊湾间抢越一无人看守道口时,与一列西行火车相撞。客车上包括 27 名教师及司乘人员、导游共计 30 人,其中 14 人死亡。

导致这起交通事故的原因是什么,如果你是导游应该如何处理该事故?

2.分组

每组 4~6 人。

三、实训方式

分组讨论。

四、实训步骤

1.理论知识回顾

交通事故处理程序:①立即组织抢救;②立即报案,保护现场;③迅速向旅行社报告;④做好旅游团(者)的安抚工作;⑤请医院开出诊断和医疗证明;⑥写出书面报告。

2.分组讨论案例

请同学们以小组为单位,区分情景中旅游事故的性质。

3.归纳出正确答案

4.以小组为单位上台演示讨论结果

项目小结

通过本项目的学习,要求同学们能根据情境完成常见旅游事故的处理,请进行如下评价。

表 4.1　评价表

评价内容	标准及要求	互评或师评
旅游事故的性质	能根据情境辨别旅游事故的性质,分清责任	□完全做到　□基本做到　□没做到

续表

评价内容	标准及要求	互评或师评
旅游事故的处理	能根据旅游事故处理原则处理常见的旅游事故	□完全做到 □基本做到 □没做到
漏接、空接和错接	能提前预防漏接、空接和错接事故；能根据情境适当处理漏接、空接和错接事故	□完全做到 □基本做到 □没做到
误机(车、船)事故	能根据实际情况预防误机(车、船)事故；在出现该事故后能适当处理，减轻损失	□完全做到 □基本做到 □没做到
证件、钱物、行李丢失	能根据实际情况处理证件、钱物、行李丢失，能安抚客人情绪	□完全做到 □基本做到 □没做到
游客走失事故	能根据实际情况预防和处理游客走失事故	□完全做到 □基本做到 □没做到
游客患病、死亡事故	能根据情境提前预防游客患病，并能在出现该事故后妥善处理事故，安抚游客的情绪	□完全做到 □基本做到 □没做到
其他旅游事故	能通过提醒等方式预防交通事故、火灾和食物中毒等常见事故；能根据实际情况冷静处理旅游过程中的交通事故、火灾和食物中毒等常见事故	□完全做到 □基本做到 □没做到

项目五　导游服务技能

项目概述

导游带团技能是指导游根据旅游团的整体需要和不同游客的个别需要,熟练运用技能提高旅游产品价值的方式、方法和技巧的能力。一个旅游团往往是为旅游而临时组合起来的,在聚集出发前,旅游团成员之间一般互不相识,生活习惯、兴趣爱好往往有较大差异。所以,带好旅游团,一要靠实力,即导游的知识水平、导游技能和处理问题和事故的能力;二要讲究方式、方法。

任务一　了解导游带团的特点和原则

任务分析

某旅行社组织三国之旅,游客到达目的地后,住星级宾馆,在餐厅用餐时,突然出现短时间停电。此时导游灵机一动,对游客说这是旅行社特意为大家准备的节目——烛光晚餐。游客后来得知这是一次突发事件而引出的意外礼物后,纷纷给旅行社去信,感谢此次温馨之旅及导游的热情服务。

本案例是一个广为流传的经典实例,讲的是由于导游的机智使不利因素化为有利因素,由电灯照明变为无奈的蜡烛照明本来有许多不便,但当引入了“烛光晚餐”这一概念后,就充满了浪漫、温馨,变为另一种格调的享受。可以说,“烛光晚餐”的渲染比任何苍白的解释和诚挚的道歉都有用,平添了一份热情和幽默。

任务目标

(1)能描述导游如何树立良好的自身形象;

(2)能认知导游带团的特点和原则。

任务实施

一、导游树立良好的自身形象

(一)第一印象

导游留给游客的第一印象非常重要,因为第一印象直接影响导游在游客心目中的位

置，影响导游能否顺利地完成导游任务。在游客中建立良好的第一印象，对导游开展工作是很有利的。在初次见面的一刹那，游客会把注意力集中到导游的仪表、仪容、仪态和言谈举止等方面。因此，导游应将良好的自身形象展现在游客面前。如何给游客留下良好的第一印象呢？首先，导游要以良好的外表形象出现在游客面前。导游的穿着在体现个性的基础上要注意符合大众审美观，款式和色彩应大方、鲜明、和谐。化妆应与环境相配，要体现导游博学多才的气质。第二，正确使用好导游的体态语言。现代心理学家研究表明，在人类情感的表达中，语言占 7%，声音占 38%，表情占 55%。因此，导游的表情、动作、手势等对游客均有一定的影响，良好的目光交流、体态语言是导游应该掌握的技巧。

导游要准确表达自己的意思，导游词要吸引人，尽量使用简洁有力的语句，听上去使人感到轻松，具有感染力。

（二）导游应言必行、行必果

言必行、行必果，就是不说空话大话，不乱许诺言，不开空头支票，否则会引起游客的反感。导游应该努力做好服务工作，做好景区的讲解，努力解决游客在旅游过程中遇到的困难和问题。

（三）沟通是导游和游客之间的桥梁

与游客沟通包括思想沟通和情感沟通两个方面。思想沟通指导游在导游服务过程中与游客产生意见分歧时，应及时协商，求得与游客一致意见。情感沟通指导游要增强与游客之间的情感共鸣，一方面要满足游客正当的情感需求；另一方面要为游客解决实际问题，让游客感到时时处处有人关心、照顾他，使游客“乐”在游中，“乐”在关心体贴中。旅游团成员之间在组团前一般互不相识，因此更需要了解和沟通。旅游团成员之间、导游与游客之间通过沟通达到相互了解、相互包容、和睦相处、互相关心、团结协作的精神风貌，顺利圆满地完成导游任务。

二、导游带团的特点

（一）旅游团的流动性

旅游是由一个地方到另一个地方的过程，是动态的而不是静态的，导游的工作环境也是动态的而不是静止的。如果说旅游业也有“厂房”的话，那么遍布神州的名胜古迹、风景如画的旅游胜地、宾馆饭店就是大大大小小的厂房，就像工人眼里的机器、农民眼里的土地一样，这些“厂房”就是导游每天工作的地方。

（二）旅游团的暂时性

旅游团是由一个集体或散客临时组成的大家庭，导游在旅游过程中为游客提供服务,时间短暂,和游客接触不深,对游客达不到十分了解。临时大家庭的成员相互理解、相互尊重,才能达到愉快旅游的目的。因此,旅游团具有暂时性。

(三)服务的主动性

正因为旅游团具有流动性和暂时性,所以导游在旅游团中处于中心地位。导游应尽最大的努力了解、掌握旅游团成员的基本情况,以便更好地提供主动、热情、周到、细致、耐心的服务,满足游客各方面的需求,使其感到物有所值。

三、导游带团的原则

(一)服务第一原则

导游工作是一项服务工作。游客外出旅游就是花钱享受服务,从而获得物质上的享受和精神上的快乐。导游要站在游客的角度去考虑自己的言行。要想获得游客真诚的赞美,就必须树立服务第一的意识,这也是导游服务的重要原则。

服务第一的原则是将游客放在第一的位置,将游客放在自己的心上,关心游客,勤勤恳恳地做好服务工作,尽力满足游客的合理需求。在国际旅游界,人们通常将服务的标准确定为热情友好、效率卓著、安全可靠、灵活方便和设身处地。

(二)宾客至上原则

导游在旅游接待工作中要发扬热情好客的优良传统,把为游客服务看成是自己的光荣和重要职责。在现代旅游业发展的今天,“宾客至上”“顾客就是上帝”的观念不是一句口号,它体现了旅游企业的服务宗旨和行动指南。顾客是旅游企业的衣食父母,要使企业在竞争日益激烈的旅游市场上立于不败之地,就必须重视顾客,以优质的服务满足游客的要求。导游要向游客提供真诚的超常服务,热情的微笑服务,让微笑服务温暖游客的心。

(三)等距交往原则

尊重是人际交往的一项基本准则。不管游客来自境内还是境外,来自省内还是省外,也不管游客的肤色、宗教、信仰以及他们消费水平如何,导游都要一视同仁,不厚此薄彼,尊重他们的人格,关心游客的切身利益,真诚地为游客服务,做到对游客等距交往。

(四)履行合同原则

旅行社组团是以契约为基础的,就是说与每位游客都签订了旅游合同。导游受旅行社聘用,委派带团,所以导游代表旅行社,要认真履行旅游合同,让游客感到满意、物有所值。导游既要维护旅行社的利益,又要为游客着想,达到双方共赢的目的。

(五)合理可能原则

这是导游处理游客提出的各种要求和问题时应注重的原则。游客在旅游中往往要求较高,有时还会提出一些苛刻无理的要求,遇上这种游客就必须坚持此项原则。当游客提出过高要求时,导游必须仔细、认真地倾听,冷静分析游客的意见是否合理,有无实现的可能。对其合理的要求应给予肯定,并想方设法解决;对不合理的要求要耐心解释,懂得说“不”。

自我检测

1.为什么说导游良好的自身形象是带好团的前提?

2.简述导游带团的原则有哪些。

任务实训

一、实训目标

树立导游良好形象的措施。

二、实训准备

1.创设情境

如果你即将成为一名导游,你将从哪些方面来提高自身素养,成为一名有魅力的导游?

2.分组

每组4~6人。

三、实训方式

分组讨论。

四、实训步骤

1.理论知识回顾

导游树立良好的自身形象的措施:①第一印象;②导游应言必行、行必果;③善于沟通。

2.分组讨论案例

请同学们以小组为单位,总结出措施要点。

3.归纳出正确答案

4.以小组为单位上台演示讨论结果

任务二 掌握导游带团技能

任务分析

导游是一个综合能力和技术含量很高的工作,导游在带团过程中应该根据岗位的要求,提高自己的人际交往能力,学会如何与游客、领队和其他工作人员愉快相处,从而在实践中提高自己的综合素养，让自己具备较强的带团技能。

任务目标

（1）能描述导游如何正确地与游客交往；

（2）能描述导游如何处理与领队的关系。

任务实施

一、导游与游客交往的技能

导游应不断提升自身的凝聚力。旅游团是一种松散的、缺乏严密组织性的团体，假如导游对旅游团不具有凝聚力，旅游团便会如一盘散沙。导游对旅游团有多大的吸引力，也就有多大的凝聚力。一般来讲，导游吸引力的大小取决于其自身的可信程度和与游客沟通的程度。

（一）提高可信度，使导游更具魅力

如果把导游带团的过程看作导游与游客的人际交往过程，那么他们之间的这种交往因缺乏选择性，彼此在感情上是勉强接受对方的。当游客同导游初次见面时，一方面会心存疑虑，估量导游的可信度，另一方面又会对导游有某种依赖感。这时，导游表现出的可信度越高就越具有吸引力。

对于初来乍到，因生疏而产生迷茫和焦虑的游客来说，最能使他们安心的莫过于碰上成熟的、称职的导游。导游在仪表、态度、知识、技能、言行、习惯等方面表现出的专业素养越高，其可信度越高，游客对导游的依赖感也就越大，更容易接受导游传来的信息。一个热情、沉稳、业务知识强的导游可以轻易得到游客的认同，但这必须以正确的服务动机为前提。假如导游的好客仅仅是为了谋取私利而不是替游客着想，那么，导游的“专业素质”越高就越让游客担心。游客只有在认定导游是切实维护他们利益时，才会服从导游的安排，配合、支持导游的工作。服务动机不正的导游是没有可信度的。

（二）加强沟通，缩短导游与游客间的距离

导游同旅游团相处，总体上属于双向沟通，如果导游漠视游客的表情、言行等反应，又或者游客对导游的讲解、关心表现得麻木不仁，那么导游是无论如何带不好团的。导游在同游客沟通意见时，不仅要把自己确切的意图表达出来，让游客理解自己，而且还要设法让游客说出自己的真实想法，彼此了解是意见沟通的重要一环。当然，求得意见一致还可以通过某种实际补偿来达到目的。如原计划里的某个游览点因故不对外开放时，游客可以通过某种实际补偿来达到目的。

（三）导游应不断增强自身的影响力

导游是按合同有计划地进行某种引导的旅游活动，引导游客完成食、宿、行、游、购、娱等消费内容。一般来讲，游客享受和满足的程度与导游的引导行为直接相关，因此导游应不断增强自身的影响力，给游客带来一次次难忘之旅。

（四）导游具有调控能力

导游是旅游活动计划的贯彻者。为了使旅游活动达到预期目标，有时候导游不得不对旅游团进行一定的调控。调控是导游活动的另一个境界。旅游团不是一个有着严密组织性的团体，导游的调控措施无法通过行政命令等刚性手段使游客屈从，因此，导游对旅游团的调控方式主要是依靠劝诱调控、利益调控等柔性调控手段来实现。

二、搞好与领队关系的技能

导游要处理好与旅游团队中心人物领队的关系，应抓好以下三个环节：一是接近领队，让他感受到你对他的尊重；二是向领队展现自己的服务动机和服务技能，取得他对你的认可；三是利用领队对游客的暗示功能，发挥其在团队中的作用，这既能合理地满足领队的自尊需要，又能使导游对游客的劝导工作化难为易。

导游带团顺利与否和导游与该旅游团的领队关系处理的好坏有很大关系。一般来说，游客把领队视作保护神和可信赖的朋友，领队也时时刻刻肩负着这一神圣的职责。导游得到领队的理解、合作和支持是带好一个团的重要前提，这是因为：领队是组团旅行社派出的代表，全权代表该旅行社带领旅游团从事旅游活动，在旅游团旅游过程中，担负着监督旅行社落实旅游合同的责任。导游是接待旅行社派出的代表，其主要任务是负责完成组团社达成的旅游合同的内容。所以，必须处理好导游与领队之间的关系。

（一）尊重领队

尊重人是人际关系的基本准则之一，要想搞好与领队的关系，导游首先要尊重领队。导游要尊重领队的人格，尊重他的工作，尊重他的意见和建议，适当发挥他的特长。例如，遇到一些可显示权威的场合，应多让领队尤其是职业领队露脸；在接待外国旅行团时，中国导游应多做实际工作，将更多的掌声让给外国领队。

尊重领队最重要的方面是遇事与领队多磋商。在旅游活动、旅行生活的安排上，在出境问题上多与领队商量，一是领队有权审核旅游活动计划的落实情况，二是可通过领队更清楚地了解游客的兴趣爱好以及他们在生活游览方面的具体要求，从而向他们提供更具针对性的服务，掌握工作的主动权。在游览项目被迫变更、旅游计划发生变化或增加新的游览项目时，若游客与接待方导游之间发生矛盾，导游要与领队多商量，实事求是地说明情况，争取他的理解与合作，这样做往往会得到比较满意的结果。

（二）关心、支持领队的工作

与接待方旅行社联络是领队的主要工作，导游应尽力维护旅游团的团结。领队提出意见和建议时，导游要给予足够的重视；在工作中或生活上遇到麻烦时，导游要给予领队必要的支持和帮助；旅游团内部出现纠纷、领队与游客之间产生矛盾时，导游一般不要介入，应尊重领队的工作权限，但必要时可助其一臂之力。这样做有助于相互产生信任感，加强双方的合作。

（三）避免正面冲突

工作中出现矛盾，对某些问题意见相左是正常现象。一旦出现这种情况，导游要主动与领队沟通，力求及早消除误解，避免分歧继续发展。一般情况下，导游要尽力避免与领队发生正面冲突，以免伤了感情，工作就很难开展下去。

总之，与领队搞好关系，共同提高旅游服务质量，老导游要力戒骄气，消除与之争高低的念头；新导游则要去掉胆怯，树立与领队协作共事的信心。

自我检测

1.在日常生活中，如何处理好与同学之间的矛盾？

2.如果你是导游，你将如何处理与游客之间的冲突？

任务实训

一、实训目标

搞好与领队关系的措施。

二、实训准备

1.创设情境

如果你是一名导游，你将如何处理好与领队之间的关系？

2.分组

每组4~6人。

三、实训方式

分组讨论。

四、实训步骤

1.理论知识回顾

与领队搞好关系的措施：①尊重领队；②关心、支持领队的工作；③避免正面冲突。

2.分组讨论案例

请同学们以小组为单位，总结出措施的要点。

3.归纳出正确答案

4.以小组为单位上台演示讨论结果

任务三　掌握导游讲解的技巧与方法

任务分析

导游语言是一种口头语言,从导游讲解的性质来看,这是一种艺术语言,讲究音调的高低强弱,语气的起承转合,自然曲折流畅以及节奏的抑扬顿挫。在导游讲解过程中,每个优秀的导游都有自己一套娴熟的导游方法和技巧,而且各有特色。本任务根据导游语言的理、物、趣、神四个特点,通过实例,学习几种常用的讲解艺术手法。

任务目标

(1)掌握导游讲解应遵循的原则;

(2)能描述常用的导游讲解技法;

(3)能在导游讲解中运用常用讲解技法。

任务实施

一、导游讲解应遵循的原则

导游方法是导游为取得良好的导游效果而采取的正确、有效的讲解方法和技巧。运用导游方法和技巧是导游对各方面知识进行加工、提炼的一种创造性劳动。这是一项有着特殊的工作性质、工作对象和工作内容的艺术工作,因而有其特殊的内在规律。导游方法运用原则是导游运用导游方法和技巧时必须遵循的基本规律。这些规律是我国导游从事导游实践的概括和总结,既有指导意义,又有实用价值。

(一)针对性原则

导游的工作对象,是有着不同旅游目的、文化修养、知识水平和审美情趣的各国游客,这就要求导游在导游内容、语言运用、服务态度、讲解方法和技巧等各方面都十分注意,遵守针对性原则。首先,导游应该了解游客的旅游目的和心理动机,并根据其不同的心理特点采取不同的导游讲解方法。当然,旅游动机因人而异,旅游需求也千差万别。导游应根据不同对象,采取不同的接待方式和导游讲解方法,尽可能地做到有的放矢、因人而异。例如,游览北京故宫,对于一般西方游客,导游进行一般性讲解就可以了;对于海外侨胞,就可以结合导游内容多介绍一些有关典故、轶事、传说等;对于研究中国历史、文物、古建筑的学者专家,则要对与他们专业兴趣相关的内容进行较为深入细致的讲解,同时介绍我国学术界的有关情况。

总之,针对性原则就是从不同游客的实际情况出发,因人而异,有的放矢地进行导游讲解。那种不看对象、“八股”式的导游,是不符合针对性原则的,也不可能收到良好的效果。

（二）计划性原则

计划性是指按游客的需求、时间、地点等条件有计划地进行导游讲解。任何工作缺乏计划就不会取得主动，计划性原则要求导游在特定的工作环境和时空条件下发挥主观能动作用，这是导游方法与技巧运用得当与否的依据之一。游客赴外地旅游，一般逗留的时间是有限的，而在某一城市或某一参观游览点的时间则更为短暂。如何使他们在有限的时间里得到满足，达到预期的目的，全依赖于导游周密地、科学地安排旅游计划和导游讲解。日程安排及每个参观游览点的具体导游方案，就是计划性的具体体现。导游讲解除受到时间限制外，还受到地点的限制。如参观北京故宫这样的旅游点，一般旅游团需要三小时左右，但对于有组织的专业旅游团来说，这点时间远远不够，有的甚至需要花两三天时间。有的旅游团在北京只逗留一两天，参观故宫只能花一小时，这对于一个范围广、内容丰富的旅游点来说，时间太紧。这就需要导游根据特定的时间和地点进行导游讲解：时间富裕就进行较详细的讲解，也可以多参观些景点；时间紧张就讲解得简要些，少参观些景点。因此，在导游讲解时，导游必须考虑时空条件，要预先作出合理的安排，做到有张有弛、主次分明、动静结合、导与游配合；讲解得详细而不使人感到时间冗长，讲解得简要而不使人感到短促。总之，如果导游不考虑参观点的范围和地形，不考虑参观时间的长短，在导游讲解上缺乏计划性，就不会收到良好的导游效果，也会影响整个旅游计划的正常进行。

计划性原则，实质上就是导游讲解要讲究科学性和目的性。导游方法与技巧只有在遵循计划性原则的基础上才能得到有效的运用和发挥。

（三）灵活性原则

所谓灵活性，就是因人而异、因时制宜、因地制宜。游览活动多受人际、天时、地理、交通等多种因素的影响和限制。所谓最佳时间、最佳路线、最佳旅游点，都是相对而言的。客观上拥有最佳条件，如果缺少完美的导游艺术的运用和发挥，旅游效果也会大打折扣。因此，导游应根据游客的不同审美情趣、旅游点的不同美学特征以及不同的季节、气候、场合，灵活运用不同的导游方法。导游方法贵在灵活，妙在变化。大自然本身是变化万千、阴晴不定的，导游讲解自然景观时也要因时而异。灵活还在于触景生情、随机应变。特别是沿路导游，不能千篇一律，讲解内容应“信手拈来，妙趣横生”。

导游讲解的针对性、计划性和灵活性体现了导游服务的本质，也反映了导游方法的规律，三者是统一的、互为补充的，构成了一个不可分割的有机整体。导游应对这三个原则心领神会，灵活运用，自然而巧妙地融于自己的旅游接待和导游讲解中。这三个原则也是导游讲解的最基本原则。

二、语言的形式

（一）口头语言

口头语言形式有独白式和对话式两种。

1.独白式

独白式是导游讲、游客听的单向语言传递方式，在导游讲解过程中，这种方式使用最

为普遍。它的特点是目的性强,对象明确,表达充分,如致欢迎词、独白式的讲解等。例如:

今天我们将要参观游览的景点是被誉为“中国第一水乡”的周庄。民间曾有“上有天堂,下有苏杭,中间有一个周庄”的说法。周庄四面环水,景色宜人,环境优雅。下面就请大家跟我一起走进周庄,去领略那“小桥,流水,人家”的水乡特色。

从这段讲解词中我们不难看出,独白式导游语言具有较强的目的性和明确的讲解对象。另外,独白式导游语言还具有完整的特点。因为运用独白式进行语言传递,通常都有预先准备的过程。对要接待的团队的基本情况、浏览的景点已经了解后,导游可以有针对性地查阅资料,选择内容,在独白时间内,把自己所要传递的主要信息完整、有层次地表述出来。

2.对话式

对话式是导游和游客之间的双向语言传递方式,是导游与一个或数个游客之间的交谈,可以是问答,也可以是商讨。它的特点是依赖性强,反馈及时。例如:

导游:“各位知道天津什么风味小吃最有名气吗?”

游客:“知道。是狗不理包子。”

游客:“知道一点儿。好像‘狗不理’是一个人的名字。”

导游:“您说得很对,一百多年前,天津一家包子铺有个小学徒本名叫高贵友,乳名叫狗不理。他做的包子味道特别鲜美……”

(二)肢体语言

肢体语言又称身体语言,是指通过头、眼、颈、手、肘、臂、身等人体部位的协调活动来传达人物的思想,形象地借以表情达意的一种沟通方式。肢体语言也是导游的必修课程,不同角色、不同情况下的肢体语言也大不相同,丰富准确的肢体语言能帮助演员更好地诠释不同角色。

谈到由肢体表达情绪时,我们自然会想到很多惯用动作的含义。诸如鼓掌表示兴奋,顿足代表生气,搓手表示焦虑,垂头代表沮丧,摊手表示无奈,捶胸代表痛苦。当事人以此等肢体活动表达情绪,别人也可由之辨识出当事人用其肢体所表达的心境。导游在带团过程中,应结合具体情境适当地使用肢体语言与游客交流。

二、导游讲解技法

(一)描绘法

描绘法是运用具体形象、富有文采的语言对眼前的景观进行描绘,将其细微的特点显现于游客眼前。在旅游过程中,有些景观没有导游的讲解和指点,游客很难发现其美的所在、唤起美的感受,而经过导游一番画龙点睛或浓墨重彩似的描绘之后,其感受将大不一样。例如,在景色如画的苏州吴中区石公山上,一位导游对游客描绘说:“朋友们,我们现在身在仙山妙境。请看,我们的背后是一片葱翠的丛林,面前是无边无垠的太湖。

青山绕着湖水,湖水映着青山。山石伸进了湖面,湖水咬住了山石,头上有山,脚下有水。真是天外有天,山外有山,岛中有岛,湖中有湖,山如青龙伏水,水似碧海浮动。”接着,他跌宕有致地吟道:“茫茫三千顷,日夜浩青葱。骨立风云外,孤撑涛声中。”这位导游情景交融的描绘,使游客仿佛在观看彩色宽幅风景影片的同时,又听到了优美的画外音。

(二)简述法

简述法是用准确、简洁、冷静的语言,把景观介绍给游客,使他们在具体欣赏品味景观之前对景观有一个初步的印象。例如,导游引领着游客来到岳阳楼前,在登楼之前,导游介绍说:

这就是驰名中外的岳阳楼,它与武昌的黄鹤楼、南昌的滕王阁合称江南三大名楼,素有“洞庭天下水,岳阳天下楼”的美誉。它原是三国时代东吴鲁肃训练水师的阅兵台。

唐代建为岳阳楼,宋代由巴陵县令滕子京主持重修,整个楼阁为纯木结构,重檐盔顶,1984 年落架大修后重新开放。现在楼高 20 米,由四根楠木柱支撑,楼顶就像古代将军的头盔,全楼没有一颗铁钉,在力学、美学、建筑学、工艺学等方面都有杰出的成就。现在,楼内藏有清代刻的《岳阳楼记》屏,大家要想领略“衔远山,吞长江,浩浩荡荡,横无际涯”的风光,请随我登楼观赏。

(三)感慨法

感慨法是用寓情于景、富有哲理性的语言激发游客的情绪,使他们得到一种愉悦的启迪。例如,在号称“海天佛国”的普陀风景区,导游带着游客登上佛顶山,俯瞰大海。这时,导游在一旁启发似的感慨道:“朋友们,眼前这锦鳞片片、白帆点点的水面就是东海,多少年来,这海拥抱着、冲刷着佛顶山,以它特有的气势启迪着人们:海是辽阔的,胸怀无比宽广;海是厚实的,什么都能容纳;海是深沉的,永远那么谦逊……常看大海,烦恼的人会开朗,狭隘的人会豁达,急躁的人会沉稳。”听着这些充满人生哲理的话语,游客们获得的又岂止是山水美景?

(四)述古法

述古法是向游客叙述有关历史人物、事件、神话故事、轶闻典故等,以丰富游客的历史知识,使他们运用形象思维更好地了解眼前的景观。例如,坐落在武汉月湖畔的古琴台,游客仅从表面看并没有多大意思,导游采取述古式的讲解后,游客对琴台的了解就深入透彻多了。导游说:“这座古琴台相传是春秋战国时期的著名音乐家俞伯牙鼓琴的地方。有一次,楚国的俞伯牙坐船遇风,阻隔在汉阳,在这里,他遇见了一个叫钟子期的人。伯牙知道钟子期喜欢听琴,就用十弦竖琴弹了两支曲子,一曲意在高山,一曲意在流水。钟子期听完,很快把乐曲的含义说了出来,伯牙十分钦佩,两人从此成了莫逆之交。一年后,钟子期病逝,伯牙十分难过,特意到钟子期的墓前弹奏了一曲‘高山流水’,弹完后就把琴摔了,发誓不再鼓琴,这就是后人所说的‘伯牙摔琴谢知音’。北宋时,为了纪念俞伯牙和钟子期,就在当年他们鼓琴、听琴的地方建了一座琴台,取名伯牙台。”游客们纷纷被导游述古式的讲解所打动,再看古琴台时,感受就不一样了。

（五）逗趣法

逗趣法是用幽默风趣的语言进行导游讲解，让游客在乐趣中得到精神享受。例如，在苏州西园的五百罗汉堂里，导游指着那尊“疯僧”塑像逗趣地说：“朋友们，这个疯和尚有个雅号叫‘十不全’，就是说，有十样毛病：歪嘴、驼背、斗鸡眼、招风耳、癞痢头、跷脚、抓手、斜肩胛、鸡胸，外加一个歪鼻头。大家别看他相貌不完美，但残而不丑，从正面、左面、右面看，你会找到喜、怒、哀、乐等多种感觉。另外，那边还有五百罗汉，大家不妨去找找看，也许能发现酷似自己的‘光辉形象’。”风趣的话，逗得游客乐此不疲，游兴顿增。

（六）猜谜法

猜谜法是根据旅游景观的内容和特点，以谜语的形式引发游客的兴致。例如，有位导游在杭州九溪十八涧对游客说：“这儿的路处处曲，路边的溪水叮咚响，远近的山峦绿葱葱。清代文人俞樾到这里时，诗兴大发，挥笔写道：‘重重叠叠山，曲曲环环路，叮叮咚咚泉’，前面已用了叠词，朋友们猜猜看，第四句写树时，俞樾用的什么叠词？”游客们议论纷纷，有的说“郁郁葱葱树”，有的说“大大小小树”，最后在导游的启发下猜出是“高高下下树”，大家都惊叹俞樾用词的精妙。这“高”和“下”贴切传神，写活了沿山而长的树林。

（七）玄虚法

玄虚法指导游在讲解中用停顿和“吊胃口”“卖关子”来故弄玄虚，以吸引游客。例如，一位导游在讲解虎丘塔的建造年代时说：“虎丘塔究竟有多少年呢，几百年还是几千年？说法一直不一致。这事直到 20 世纪 50 年代初才弄清楚。”导游停了下来，大家在想，是怎样搞清楚的呢？“有一次，建筑工人在加固塔基的时候，在塔内一个窟窿里发现了一个石头箱子。”导游停了下来，然后说：“工人们把它搬出来，打开一看，里面还有一个木头小箱子，大概有这么大。”导游比画着。“再把小木箱打开，里面有包东西，是用刺绣的丝织品包着的，解开一看，是一包佛经。取出这包东西，只见箱底写着年代，你们猜是什么年代？”游客纷纷猜测，过了一会儿，导游说：“这年代是中国北宋建隆二年，也就是公元 961 年。由此可见，虎丘塔距今已有一千多年的历史，而苏州的丝绸刺绣工艺至少也有上千年的历史。”玄虚式的导游讲解，把本来不怎么吸引人的建塔年代说得有声有色，令人着迷。

（八）悬念法

悬念法是根据不同的导游内容，有意识地创造连环套似的情境，先提出问题，以造成“欲知结果如何，且听下回分解”的悬念，使游客由被动地听讲解变为主动探寻，以激起其好奇心和求知欲。例如，在讲解定陵时，可分为门前、展室和地宫三个部分。在门前，讲概况，末尾点出发掘年代。“想知道发掘过程吗？请到展室来。”在展室，主要讲述发掘过程，末尾点出地宫内所葬何人。“想知道是怎样入葬的吗？请随同一起下地宫。”这样，整个导游过程就环环相扣，引得游客非听、非看不可。

（九）类比法

类比法是用游客熟悉的事物进行类比，帮助游客理解和加深印象。由于地理的、历史的、民族的、文化的以及宗教信仰的差异性，导游要把每个游览点解释得使游客容易理解、一听就明白并不是易事。因此，导游有时必须借助类比的手法。例如，一批日本客人在参观乾陵壁画时，导游指着侍女壁画对日本客人说："中国盛唐时期美女的特征和在日本高松家古坟里发现的壁画非常相似。"日本客人仔细一看，发现的确如此，经过对比，从而对乾陵壁画有了具体的了解。在讲解西安半坡文化村时，如果导游加上这么一句话："半坡人的生活在很大程度上和当今美国居住在'保留地'的印第安人的生活习性很相似。"这样讲解，美国客人就会恍然大悟。又如，在讲解北京故宫的建造时间时，对外国游客，如果只说它始建于明代永乐四年，也就是公元 1406 年，他们并不会有多少印象，一下子也难以感到北京故宫历史的悠久。如果采用类比式，对美国游客可以说："故宫在哥伦布发现新大陆七十年之前就已建成。"对英国游客可以说："故宫的建造时间是在莎士比亚诞生之前的一百四十年。"这样一比较，他们就能更好地感受到中国文化的悠久历史。

（十）引用法

引用法是引用游客本国本土的谚语、俗语、俚语、格言等进行讲解。这不仅能增强讲解语言的生动性，而且能起到言简意赅，以一当十的作用。一位导游带日本旅行团游览苏州拙政园，当游客们走过石桥之后，就问他们是否忘记了过桥的一道手续。游客们一时不知其解，导游接着说："贵国有句叫作'敲打一下石桥，证实其坚固后再走过去'的俗语。刚才各位虽然忘记了'敲打'，但也平安地过来了，这说明中国的石桥坚实，无须'敲打'，就能平安地走过来。"这位导游引用了日本的俗语，借题发挥，取得了意想不到的效果。

（十一）模糊法

模糊法是运用不确定的或不准确的语言进行导游讲解的一种方法。例如，桂林阳朔鉴山崖壁上有一个草书"带"字形的石刻。一位导游在讲解时说："那个'带'字形石刻，像'带'又不是'带'，似一个字又不是一个字。这是清代王元仁的手笔，他写的这字到底有什么含义呢？有人说它包括'一带山河，少年努力'八个字，也有人说包括'一带山河，举世无双，少年努力，万古流芳'十六个字，还有人说是由'一带山河甲天下，少年努力举世才'十四个字组成。其笔意到底是什么，谁也说不清，大家若有兴趣，可以仔细琢磨一下。"导游故意采用模糊法进行模棱两可的讲解，让游客在观赏中进行选择性思考，以增添游兴。康德说过，"模糊观念要比明晰的观念更富有表现力"，此话是很有道理的。如果这位导游只确切地讲一种"带"的说法，其导游效果就平淡得多了。当然，在运用模糊法时，要掌握好模糊的程度，如果一味地"模糊"下去，也不会收到良好的导游效果。

（十二）变换法

变换法是将外国游客难以理解的词或句子意译或变换成他们所熟悉易懂的词或句子，例如，"三个臭皮匠，顶个诸葛亮"，如果直译成日语，有的日本人不一定懂，若意译成日本民谚："三人凑一块，可顶上文殊菩萨的智慧"，效果就会好得多。

自我检测

1.导游讲解应遵循的原则有哪些?

2.导游讲解的主要技法有哪些?

任务实训

一、实训目标

根据导游讲解的技巧,撰写一篇导游词。

二、实训准备

1.创设情境

自选忠县的著名景点,将本任务中的讲解技巧融入导游词的撰写和讲解中。

2.分组

每组4~6人。

三、实训方式

分组讨论,撰写导游词。

四、实训步骤

1.理论知识回顾

(1)语言的形式:①口头语言;②肢体语言。

(2)导游讲解的常用技法:①描绘法;②简述法;③感慨法;④述古法;⑤逗趣法;⑥猜谜法;⑦玄虚法;⑧悬念法;⑨类比法;⑩引用法;⑪模糊法;⑫变换法。

2.分组讨论案例

以小组为单位,查阅资料撰写导游词。

3.完善导游词

4.以小组为单位上台表演导游词

项目小结

通过本项目的学习,要求同学们能根据导游讲解的技法,撰写一篇导游词,并在舞台上表演出来,然后进行评价。

表 5.1　评分表

评价内容		标准及要求	互评或师评
自我介绍与形象	仪容仪表	衣着打扮端庄整齐，妆容淡雅整洁，符合导游从业规范要求	□完全做到　□基本做到　□没做到
	言行举止	礼貌用语恰当，态度真诚友好，表情生动丰富，手势及其他身体语言应用适当与适度	□完全做到　□基本做到　□没做到
	职业理解	自我介绍有特色，印象深刻，有较强的职业认同感	□完全做到　□基本做到　□没做到
内容	讲解内容	健康、完整、准确；重点突出、紧扣主题，与时俱进；引用规范，用词严谨，内容无误；导游词编写规范且有特色	□完全做到　□基本做到　□没做到
	条理结构	条理清晰，层次分明，详略得当，主题突出，逻辑性强	□完全做到　□基本做到　□没做到
	文化内涵	整体具有一定的知识普及和文化内涵，能体现物境、情境和意境的统一	□完全做到　□基本做到　□没做到
技巧	讲解技巧	角度新颖，通俗易懂，生动幽默，富有感染力和亲和力；善于使用恰当的讲解技巧，激发旅游兴趣	□完全做到　□基本做到　□没做到
	语音语调	语音清晰标准，语速适中，语调自然优美，节奏合理，音量语速适中	□完全做到　□基本做到　□没做到
	表达能力	语言规范，组织合理，表达流畅、生动、准确	□完全做到　□基本做到　□没做到

参考文献

[1] 李红,韩力军.导游业务[M].武汉:华中科技大学出版社,2008.

[2] 王连义.怎样做好导游工作[M].北京:中国旅游出版社,1997.

[3] 吴正平,阎纲.旅游心理学[M].北京:旅游教育出版社,2003.